Margot Maurel
Ostéopathe et sexologue

GROSSESSES ET SEXUALITÉS

LA MUSARDINE

De la même autrice

Vaginismes. Comprendre, se soigner, s'épanouir, avec Angéla Bonnaud, La Musardine, 2023

Retrouvez Margot Maurel sur Instagram : @le_labo_de_margot

Couverture : Émilie Poggi.
Photographie de couverture : Alexander Krivitskiy.
Illustrations de l'intérieur : Nelly.

Dépôt légal : avril 2025
ISBN : 978-2-36490-668-6

La Musardine – 122 rue du Chemin Vert – 75011 Paris
www.lamusardine.com

GROSSESSES ET SEXUALITÉS

TABLE DES MATIÈRES

TABLE DES MATIÈRES

PRÉAMBULE

Ce livre a été écrit et pensé avant tout pour les personnes enceintes et leurs partenaires. Pour celles et ceux qui vivent une sexualité-plaisir et qui souhaitent qu'elle perdure durant la grossesse, pour celles et ceux qui, préoccupé·es par les recommandations du corps médical ne s'autorisent pas à vivre une sexualité durant cette période, pour celles et ceux chez qui c'est loin d'être un problème de ne pas avoir de sexualité pendant la grossesse, mais qui aspirent à garder leur complicité intime intacte et enfin pour celles et ceux qui sont ouvert·es aux réflexions sur ce sujet. Cet ouvrage pourrait peut-être même devenir un livre ressource pour les professionnel·les de santé ressentant le besoin de se familiariser avec ce sujet afin de l'utiliser auprès de la patientèle concernée.

Tous les couples sont inclus dans cet ouvrage, quelles que soient les orientations sexuelles. En sexologie périnatale j'accompagne certes majoritairement des femmes cisgenres[1] et des couples hétérosexuels exclusifs[2], mais depuis peu

---

1. Une personne cisgenre est une personne pour qui le sexe assigné à la naissance est identique à son genre actuel : la femme cisgenre est donc une personne qu'on a désignée femme à la naissance et qui se sent en adéquation avec cette assignation.
2. Un couple est dit exclusif lorsque les deux partenaires sont fidèles l'un à l'autre sexuellement et moralement.

également des couples de femmes et des femmes seules dans leurs grossesses. L'idée est donc de proposer un espace le plus inclusif possible, où chaque lecteur et lectrice pourra se retrouver.

En tant que sexologues, nous devons respecter la culture, la religion et les valeurs de la personne que nous accompagnons. C'est une chose essentielle que je m'efforce de faire pour chacun de mes accompagnements, mais qu'il est difficile de retranscrire parfaitement dans un livre. Il est donc important de me positionner et de préciser que c'est une vision occidentale de la grossesse que je propose ici.

L'ouvrage est composé selon les trois grandes dimensions que constitue la sexualité plaisir : sociale, psychocorporelle et relationnelle. Si j'ai essayé de couvrir le spectre le plus large possible afin de concerner le plus grand nombre de personnes, n'oubliez pas que rien ne remplace les conseils avisés et l'accompagnement spécifique d'un·e professionnel·le de santé formé·e à ces questions.

QUI SUIS-JE?

Ostéopathe depuis plus de dix ans, j'exerce également en tant que sexologue clinicienne depuis quatre ans. Ma spécialisation en sexologie occupe une grande partie de mon temps professionnel : au sein de mon cabinet, mais aussi dans les formations et journées de sensibilisation auxquelles je participe, puis dans mon travail d'écriture. Après des années d'accompagnement en ostéopathie auprès des femmes enceintes et en post-partum, c'est tout naturellement que j'ai décidé de m'orienter particulièrement en sexopérinatalité.

Passionnée par cette nouvelle activité, à laquelle je n'étais initialement pas destinée, j'y ai trouvé un sentiment d'accomplissement : mon identité professionnelle.

Maman d'une petite fille de cinq mois lorsque j'ai commencé à écrire cet ouvrage, j'ai pris conscience que ce travail d'écriture n'était pas anodin. Cela m'a fait réfléchir à mon propre vécu de la grossesse, à mon expérience personnelle au sujet de l'intimité dans le couple, toutes ces réflexions regroupées dans ce moment de vulnérabilité qu'est le post-partum. Mon premier ouvrage *Vaginismes*, coécrit avec Angéla Bonnaud (La Musardine, 2024), traite du sujet encore tabou qu'est le vaginisme. Le présent livre parlera certainement à un plus grand nombre de personnes, même si le sujet reste encore confidentiel et mérite d'être mis davantage sur le devant de la scène.

J'espère qu'il sera aussi éclairant et stimulant que son écriture l'a été pour moi.

INTRODUCTION

Lorsqu'une femme enceinte est entrée à la Musardine, librairie érotique, et a demandé au libraire s'il existait un *Kamasutra de la grossesse,* celui-ci n'a pu répondre que par la négative.

En quelque sorte, ce livre a été pensé et conçu pour pallier ce manque ! S'il existe beaucoup d'ouvrages sur divers sujets liés à la périnatalité[1], peu abordent la sexualité. Si on y évoque la sexualité post-partum[2], rien ou quasi n'est consacré à la grossesse elle-même. Lorsque c'est le cas, les ouvrages se cantonnent aux couples hétérosexuels et aux représentations normatives de la sexualité. L'accès à l'information en santé sexuelle périnatale est encore trop faible, que ce soit en institution, en cabinet ou sur la toile. Seule la prévention autour de la « reprise de la sexualité » après l'accouchement se développe depuis quelques années. Parler de la sexualité après bébé, c'est devenu possible. Parler de sexualité pendant

---

1. Notamment les écrits d'Anna Roy, sage-femme et autrice de nombreux ouvrages en lien avec la maternité.
2. Camille Bataillon, *Réinventer sa vie intime après bébé : un guide pratique bienveillant pensé par une sexologue engagée,* Kiwi édition, 2021 ou encore Debra Pascali-Bonaro, *Le grand livre du sexe après l'accouchement : préserver l'amour et l'intimité dans son couple,* Le Hêtre Myriadis, 2024 ou encore Maryse Dewarrat, *Le désir après bébé : devenir parents et rester amants,* Eyrolles, 2017.

la grossesse, moins. Tout est tourné vers l'après. Nous lisons partout comment reprendre une vie sexuelle. Les verbes employés parlent d'eux-mêmes : *« reprendre, retrouver, récupérer, rattraper, relancer, réinventer »*... À vouloir sans cesse retrouver cette sexualité, *« celle d'avant »* comme disent les patient·es, on en viendrait presque à oublier qu'elle ne disparaît pas toujours. Il faut le dire : le sexe pendant la grossesse, cela existe, mais c'est secret et peu documenté. Les interdictions, les peurs, les différences de désir dans le couple amènent beaucoup d'insatisfaction dans la vie intime des femmes et des couples. Au cabinet, je remarque qu'il persiste une multitude de croyances erronées, une méconnaissance du corps, mais aussi un manque de réflexivité sur ce que cela veut finalement dire « bien vivre sa vie sexuelle » durant cette période de transition à la parentalité.

Est-ce si inconcevable pendant cette période de vivre une vie érotique épanouissante, en accord avec les désirs et les non-désirs ?

Oui, la grossesse entraîne des modifications physiques et biologiques, mentales et émotionnelles, mais aussi sociales et relationnelles qui peuvent impacter la sphère sexuelle. Cette période de vie est remplie de changements déstabilisants. Un certain nombre de personnes peut alors vivre cette phase comme totalement inappropriée à la vie sexuelle ou encore avoir une représentation négative de cette dernière. Mais les changements inhérents à la grossesse n'entravent pas toujours la vie érotique. La sexualité peut évoluer pendant la grossesse, à la baisse comme à la hausse. C'est parfois l'occasion d'un renouveau intime : les pratiques sexuelles changent, les ressentis corporels et émotionnels varient, le couple – s'il y a – vit une transition sans précédent. Si désirée, la sexualité solitaire et/ou relationnelle peut être satisfaisante, épanouissante et sans danger. Il faut le marteler, mais aussi comprendre pourquoi ce n'est pas encore pleinement entendu.

Ces réflexions ne doivent pas produire une énième injonction : l'obligation d'avoir une vie sexuelle pendant la grossesse. Certains couples ont attendu des années avant d'arriver à concevoir, certaines ont décidé de faire un bébé « toute seule ». D'autres ont dû être « aidés » par une assistance médicale, ont vécu des drames périnataux. Certaines femmes ont connu des grossesses où « tout a été difficile » ou à l'inverse « une période idyllique ». Les grossesses ne se ressemblent pas, chaque individu a sa propre trajectoire de vie et l'expérience de la sexualité en sera nécessairement différente. Ma propre expérience de la grossesse m'a initialement fait hésiter à écrire un ouvrage dont je refusais qu'il puisse être à l'origine de nouvelles injonctions, en ayant moi-même souffert : injonction au sujet de mes pratiques sportives, de mon poids et de façon plus générale sur la manière dont je devais me comporter durant cette grossesse, au travail comme dans ma vie privée. « *La sexualité du post-partum dépend étroitement de la qualité de la sexualité qui a existé avant et pendant la grossesse*[1] » est une phrase que j'ai souvent entendue lors de mes études. Je reste dubitative concernant ce constat. Comme déjà évoqué, la grossesse est une parenthèse, où la sexualité peut être absente comme très présente. Je ne pense que cela change quoi que ce soit à la sexualité post-partum. Nous pouvons avoir l'impression que si la sexualité n'existe pas pendant la grossesse, alors elle ne peut pas reprendre « *correctement* » après l'accouchement. C'est en tout cas ce que j'ai cru lorsque je recevais des femmes en post-partum affolées d'avoir perdu le contact intime avec leur partenaire « *déjà depuis la grossesse* ». Certaines personnes désexualisent et désérotisent cette période, et dès la grossesse finie, se retrouvent. Il faut cesser les discours culpabilisants qui ne font qu'entretenir l'insatisfaction dans l'intimité.

---

1. C. Fabre-Clergue, H. Duverger-Charpentier, « Sexualité du post-partum », *La Revue sage-femme,* volume 7, issue 6, 2008.

Se sentir en adéquation avec ses désirs et non-désirs tout en gardant une complicité intime : c'est bien l'objet de cet ouvrage.

PRESSIONS NORMATIVES, MYTHES ET RÉALITÉS

Quelle est la potentielle souffrance morale que peuvent éprouver les personnes enceintes et les couples au cours d'une grossesse, compte tenu des injonctions sociales en matière de sexualité ?

Les normes concernant la sexualité durant la grossesse varient selon les cultures, les religions. Il me semble indispensable d'aborder d'emblée cette dimension, car je considère qu'il s'agit là de l'une des causes fréquentes de souffrance chez celles et ceux que j'accompagne en sexopérinatalité.

L'éducation à la sexualité et la transmission d'informations adaptées à la période périnatale sont essentielles afin que chacun et chacune se sente autonome et en sécurité pour s'épanouir dans sa vie érotique et sexuelle lors de sa transition à la parentalité[1].

---

1. Le plan périnatalité de 2005-2007 rédigé par le ministère de la Santé fait rentrer la dimension psychologique de la femme et du couple au sein

Ainsi, ce premier chapitre répertorie les mythes concernant le sexe lorsqu'on est enceinte, mais aussi les questions qui me sont le plus fréquemment posées en consultation.

des recommandations de bonnes pratiques des sages-femmes ainsi que l'information au sujet de la sexualité post-partum.

Pressions normatives

INJONCTIONS ET SEXUALITÉS

Il existe des injonctions fréquentes en matière de sexualité qui touchent inévitablement la personne enceinte. Nous pourrions en citer une dizaine d'autres, mais concentrons-nous sur celles-ci : les injonctions liées au poids, les injonctions dites « de conduite » – devoir se comporter de telle ou telle manière lors de la grossesse –, et enfin les injonctions au plaisir et à la performance sexuelle.

Le corps et son image : l'injonction du poids pendant la grossesse

En édictant les moyennes de gain de poids et d'apports caloriques, les professionnels laissent penser qu'il existe une norme de grossesse qui doit être respectée par les femmes. Bien qu'il s'agisse aussi d'une question de santé – normalement spécifique à chacune en fonction de l'indice de masse corporelle –, cela peut être vécu et perçu de façon négative. L'image du corps de la femme enceinte est aussi largement influencée par les médias de masse et les réseaux sociaux[1]. Cela peut engendrer de la culpabilité lorsque l'on s'écarte de cette norme. Certaines peuvent prendre plus de poids que prévu : « *Ma gynécologue fait très attention à mon poids, je suis déjà une baleine / Vous avez vu le poids que j'ai pris, même ma famille l'a relevé / Je suis énorme, comment voulez-vous que j'aie envie de faire l'amour ?* » À l'inverse, certaines peuvent ne pas en prendre assez : « *Tout le monde me dit que j'ai un tout petit ventre / Je m'inquiète pour le bébé,*

---

1. « L'image corporelle durant la grossesse : les expériences et perceptions des femmes de l'influence de Facebook », Véronique Bisson, Université du Québec, 2019.

car je ne prends pas de poids / On ne dirait pas que je suis enceinte. »

En plus d'être induite par le corps médical durant la grossesse, l'injonction au poids idéal est omniprésente au cours de la vie d'une femme. Les sexologues savent bien que l'image du corps, positive ou non, pourra impacter la sexualité et la manière de se sentir désirable. La grossesse peut alors entraîner une amplification de cette injonction, puisqu'elle déforme le corps, mais aussi bien à l'inverse un soulagement ponctuel face à cet oukase. Dans la première hypothèse, certaines femmes se sentent séduisantes dans leur corps prégestationnel, mais ne peuvent pas – à cause du diktat de la minceur – se sentir désirables en étant enceintes. À l'inverse, dans la seconde hypothèse, certaines vivent la prise de poids de manière gratifiante, car c'est le seul moment dans leur vie où elles peuvent avoir un gros ventre et l'exhiber fièrement en étant acceptées, voire valorisées par la société. À ce sujet, je ne peux que conseiller de lire l'excellent ouvrage de la philosophe Camille Froidevaux-Metterie, *Un si gros ventre : expériences vécues du corps enceint,* composé de nombreux témoignages[1].

La perception que les femmes ont de leur corps peut fluctuer tout au long de la grossesse et avoir un impact – positif, négatif ou neutre – sur leur estime d'elles-mêmes, leur confiance en elles, et le sentiment d'être ou pas désirables et attirantes sexuellement.

L'injonction à la performance sexuelle : plaisir, désir, pratiques et conduites

Bien que l'accès au plaisir soit encore limité dans la sexualité féminine, notamment dans des relations hétéronormées et pénétrocentrées, cela ne doit pas empêcher de questionner

1. Coédition Philosophie Magazine éditeur/Stock essais, 2023.

la nouvelle injonction sociale en lien avec la notion d'orgasme à tout prix[1]. La sexualité devenant, dans ces nouvelles représentations, un élément indispensable à l'épanouissement personnel, elle peut constituer une nouvelle contrainte sociale pour les individus. Il me tient à cœur de rappeler que la sexualité n'existe pas uniquement pour apporter du plaisir physique. Elle permet aussi d'accéder à une satisfaction émotionnelle : le sentiment de joie que cela peut procurer de se connecter à soi et/ou à l'autre, par exemple. D'une manière différente, l'injonction au plaisir et à la performance peut aussi se ressentir par la manière dont le ou la partenaire « exige » que la femme ressente du plaisir : « *Moi, ce que je veux, c'est que ma femme prenne du plaisir / La meilleure manière de prendre du plaisir est de voir ma·on partenaire qui en prend.* » Ces phrases ou remarques peuvent entraîner une pression de performance pour les deux protagonistes. Enfin, vient s'ajouter la pression au désir : il faudrait « *garder la libido* » intacte. Je reçois énormément de personnes soucieuses de la maintenir alors que ce n'est pas une aspiration profonde, mais le plus souvent une peur grandissante de voir le ou la partenaire frustré·e. Ces pressions face au plaisir, à la performance et au désir sont inutiles à plusieurs égards : cela n'aboutit pas aux résultats escomptés et peut même être bloquant. La sexualité évolue durant la grossesse, il est nécessaire et normal de trouver de nouveaux apprentissages érotiques, à son rythme. Nous parlons aujourd'hui de plus en plus du « slow sex » qui permet de sortir de certaines injonctions de performance. C'est une pratique qui permet de ralentir le rythme, de rendre la pénétration et l'éjaculation objectifs secondaires et non

1. Andro, Bajos, Hamel, Bachmann, « La sexualité des femmes : le plaisir contraint », dans *Nouvelles questions féministes*, volume 29, Antipodes, 2010.

centraux. La période de la grossesse est idéale pour tester ce genre de pratique intime : plus de lenteur, moins de peur. La notion de rapport sexuel pendant la grossesse reste étroitement associée à la pénétration vaginale par le pénis. Or, ce n'est pas forcément la pratique qui offre le plus de plaisir et de sérénité pour le binôme. Les personnes sont nombreuses à dire qu'elles n'ont « *plus de vie sexuelle* » durant la grossesse : il faut comprendre l'absence de pénétration vaginale, car elles ont lu ou entendu que ce n'était « *pas bon pendant la grossesse* ». Ces injonctions sur la manière de se conduire sexuellement lors de la grossesse ont un impact négatif sur l'estime de soi. En définissant les personnes enceintes comme les principales responsables de la santé du bébé, les discours sur les risques liés à la sexualité renforcent le fait de ne pas se sentir une « bonne mère »[1]. En dehors des raisons médicales reconnues comme la menace d'accouchement prématuré et d'autres raisons que nous verrons plus loin, la sexualité ne devrait souffrir d'aucune interdiction pendant la grossesse. Les informations liées à la santé sexuelle périnatale ne sont généralement pas claires et précises en termes de pratiques sexuelles. Le « je n'ai pas le droit aux rapports » ne signifie pas la même chose pour tout le monde. Qu'est-ce que cela veut dire ? Qu'il y a une interdiction de pénétration ? Une interdiction d'orgasme ? Une interdiction de contact intime avec son ou sa partenaire ? Les professionnels du domaine ne vont pas aussi loin dans leurs explications et ce sont leurs patient·es qui en pâtissent. La « bonne conduite » sexuelle est la vôtre, en respectant les précautions médicales s'il y en a.

1. C'est ce que Anne Quéniart appelle la « mystique de la bonne mère » que vous retrouverez dans le dossier « C'est pour le bébé : moralisation des femmes, individualisation de la responsabilité et disparités de classe dans le travail de soins pendant la grossesse » par Elsa Boulet, dans *Terrains Théories*, « Ethnographier le gouvernement des corps et des conduites », 2022.

En résumé, les injonctions sexuelles pendant la grossesse sont stressantes, envahissantes, voire bloquantes. Chaque grossesse est unique : l'objectif est de bien cerner nos injonctions. En les observant, vous pourrez réfléchir à la façon de les contourner, comment mieux les vivre et se concentrer sur le bien-être physique et émotionnel.

LA GROSSESSE REND-ELLE SEXY?

Imaginer une femme enceinte libre sexuellement peut troubler. Je ne parle même pas ici de liberté sexuelle au sens d'une union libre avec de multiples partenaires. Non. Je parle de se sentir libre de prendre du plaisir, d'avoir des envies et des fantasmes, de les revendiquer sans empiéter sur les désirs de l'autre, de s'affirmer « sexuellement enceinte ». C'est ce que l'on appelle en sexologie « l'assertivité sexuelle », une notion qui contribue à l'épanouissement dans la sexualité.

La madone et la putain

Pour certaines personnes, sexualité et maternité sont incompatibles. Il peut alors paraître difficile de se représenter, pour le ou la partenaire, la femme enceinte comme une amante ou comme mère. Les psychologues-sexologues appelleront cela le complexe de la madone et de la putain. Cette perception provient en partie d'une tradition judéo-chrétienne ancrée : le bonheur sexuel et maternel sont antinomiques, et plus précisément avoir une vie sexuelle pendant la grossesse n'a ni sens ni lieu d'être. Même si la notion de sexualité vécue uniquement à des fins de reproduction n'est plus tellement d'actualité dans la société dans laquelle nous vivons, certaines représentations continuent de marquer de manière plus ou moins consciente nos représentations. Dès l'Antiquité, la sexualité en vue de la procréation est distinguée de la sexualité-plaisir : les maîtresses et esclaves pour le plaisir, les épouses pour la procréation[1]. À cette époque, les rapports sexuels durant la grossesse sont considérés comme dangereux et symbolisent la souillure, tant pour la femme que pour le fœtus[2]. Aujourd'hui encore, certains partenaires voient leur femme devenir mère et peuvent avoir du mal à investir le sexe de la femme comme un lieu de plaisir et de jouissance, alors que cette même zone donne naissance à l'enfant. Ils effectuent une dissociation entre l'image de « *la mère* » – sacrée –, et celle de « *la femme* » – érotique. Ce phénomène peut également s'observer chez les femmes enceintes elles-mêmes. Elles n'assument plus leur sexualité et leurs fantasmes durant la grossesse. Pour certaines, désir de sexe et désir d'enfant ont du mal à cohabiter. Lyasmine Kessaci[3], psychologue clinicienne et chercheuse dans le domaine de la santé mentale périnatale, conclue ainsi : « *Car ce qui, en l'occurrence, importe le plus est de reconnaître que ces deux figures opposées (madone et putain) ne sont, somme toute, que les deux faces de la même. Les deux faces d'un même personnage, féminin et maternel. Dont les pôles ne sont pas tant le fait des caractéristiques de l'une, ou de l'autre, que des menaces différentes que celles-ci recèlent. Et de la conjugaison desquelles – ajouterai-je encore – se caractérise, peut-être, autant* la *femme que* la *mère* ». Finalement, cette ambivalence entre la mère et la putain, c'est un tout. Nous avons le droit d'être les deux.

---

1. Nicolas Tardieu, *Grossesse et sexualité à travers l'Histoire*, Connaissances et savoirs, 2004.
2. A contrario de l'Ancien et du Nouveau Testament, où la notion d'interdit de la sexualité pendant la grossesse est absente, c'est la philosophie stoïcienne et théologique qui prime.
3. Lyasmine Kessaci, « Les deux mères : figures antagonistes et "ravageantes" de la mère », dans *Recherches en psychanalyse,* 2015/2 (n° 20), pages 133 à 139.

Être enceinte : être inévitablement sexuelle

De manière contradictoire, nous entendons souvent que la femme enceinte dégage un sentiment d'aisance naturelle, de plénitude ou encore de sérénité. Nous entendons que « *les femmes enceintes ont une belle peau, de beaux cheveux, sont resplendissantes* ». La grossesse serait le comble de la féminité. Elles montrent, avec leurs ventres arrondis, mais aussi par la posture cambrée qu'elles prendront naturellement, qu'elles sont inévitablement sexuelles. Les modifications physiologiques accentuent certains traits ayant à faire avec la féminité stéréotypée, mais surtout la grossesse est un signe objectif d'une sexualité active, d'un désir consommé. Je me souviens de cette patiente m'expliquant qu'elle ne voulait pas voir sa famille en étant enceinte : « *Je ne sais pas... Cela me met mal à l'aise... Qu'ils sachent que j'ai une vie sexuelle, enfin, que je suis enceinte.* »

Alors, oui, certaines se sentent véritablement sexy : augmentation mammaire, hormones et cerveau en ébullition, arrondissement des courbes du corps, zones érogènes transformées et pour certaines décuplées. Elles développent beaucoup de désir sexuel durant cette période. Le livre d'Ève de Candaulie, *Une indécente liberté*[1], est un ouvrage à recommander à ce sujet, car il montre comment la quête de maternité peut aussi être érotique et sexuelle. Son roman semble s'inspirer de sa propre vie : une femme en couple avec un homme, libertine, qui essaie de faire un enfant par fécondation in vitro. Une fois enceinte, nous suivons les dessous de sa vie la plus secrète : le sexe à plusieurs, les orgies, les fantasmes... Oui, il existe tout un imaginaire érotique tourné spécifiquement vers la femme enceinte et les partenaires peuvent être plus ou moins sensibles à cela. Oui, il y a des femmes enceintes qui vivent de manière intense et joyeuse leur sexualité et jouent avec les codes érotiques.

1. ÉditionsTabou, 2020.

Mais l'expérience de la grossesse peut aussi bousculer les codes érotiques de la femme : modification des zones érogènes et des sources d'excitation sexuelle, transformation corporelle et vestimentaire, nouveau rôle social, familial, professionnel... Cela peut fragiliser les certitudes, voire déstabiliser intensément. Les changements corporels, sociaux, mentaux, mais aussi relationnels sur lesquels nous reviendrons dans les prochains chapitres peuvent interagir avec l'expression de sa sexualité. Rien qu'à écouter certains podcasts spécialisés en périnatalité[1], nos ami·es ou même nos parents, nous comprenons aisément que la grossesse est une période de chamboulements parfois imprévisibles, à tous les niveaux. Les femmes expriment derrière le micro leurs difficultés face à l'imprévisibilité de la grossesse, la perte de repère sur le plan corporel, les émotions en pagaille et la relation de couple à entretenir. Elles peuvent aussi parler de sexualité joyeuse, d'une période de fusion avec leur bébé in utero, de sentiment amoureux décuplé... Il est clair que le discours que j'entends le plus souvent de la part de mes patientes est biaisé par ma profession : j'accompagne des personnes qui souffrent, physiquement et sexuellement. Elles me parlent des hémorroïdes douloureuses, honteuses, qui empêchent de s'engager dans un moment intime, mais aussi de la sciatique paralysante qui vous donne la sensation « *d'avoir 80 ans* » tant il est difficile de se tourner dans le lit conjugal, sans oublier les aléas d'humeur et les questionnements existentiels au sujet de l'enfant, de la famille, du couple, du sexe, de la vie tout court... Elles ont tant à dire quand nous leur laissons de la place.

Comme à n'importe quel autre moment de la vie, le vécu psycho émotionnel et somatique de la personne enceinte

1. L'épisode 217 de *Bliss,* « Marie Robert – maternity is sexy ? » en est un parfait exemple.

– souvent exacerbé – peut tout à fait moduler le sentiment de confiance en soi sexuelle. C'est important d'en parler lorsque cela est vécu négativement. J'espère que ce début de réflexion permettra aux femmes enceintes et aux couples de mieux cerner ce qui se joue ici : comment laisser s'exprimer, ou non, son potentiel érotique dans la période de la grossesse.

A-T-ON BESOIN DE SEXUALITÉ POUR SE SENTIR ÉROTIQUE?

Avant tout du lien

Selon mon expérience clinique, ce n'est pas l'absence de sexualité qui pose le plus de difficulté aux femmes et aux couples, mais bien une absence du lien, érotique ou non. En effet, l'intimité émotionnelle joue un rôle-clé dans le maintien d'une connivence corporelle pendant la grossesse.

La grossesse érotique

Capucine Moreau, sexologue et autrice, l'évoque dans son livre *La créativité érotique dans le couple*[1] : « *Le terme érotisme est pour moi beaucoup plus large que celui de sexualité. L'érotisme est, comme le dit Jacques Waynberg, tout ce que l'Homme a inventé et invente à chaque instant pour dépasser la sexualité reproductive et animale.* » On pourrait parler d'une sorte de concept mental qui permet l'émergence des fantasmes et renforce la tension sexuelle, le désir. La conception de la sexualité est singulière, façonnée par notre histoire, notre ancrage culturel et notre sensibilité. Certaines personnes ne dissocient pas la sexualité de l'érotisme, ou encore ne se sont jamais vraiment questionnées sur ce que cela signifie. Esther Perel, célèbre thérapeute de couple et

1. La Musardine, 2020.

sexologue, en parle dans son podcast *Where should we begin ?*[1] : l'érotisme, c'est avant tout ce qui rend vivant le couple c'est-à-dire l'imagination, le mystère, la nouveauté, l'attention portée, les prises de risques… « *Les couples peuvent faire du sexe tous les jours sans rien ressentir* », dit-elle. Cela passe par une attitude, un regard, une activité artistique, des mots bien choisis… Il n'y a pas un meilleur moment que l'autre pour se pencher sur le sujet, mais je crois que la période de la grossesse amène inévitablement à y réfléchir.
Certain·es professionnel·les de santé, sages-femmes et conseiller·ères conjugaux·ales parlent justement de la « *mise sous tutelle de l'érotisme pendant la grossesse* »[2] au travers des interdits, des prescriptions médicales et de la morale supposée. Il y a également les peurs, le manque de dialogue dans le binôme qui contraignent l'érotisme et l'intimité. Mais la façon dont la femme enceinte conçoit une relation sexuelle impacte sa sexualité. Si la femme et le couple envisagent qu'une relation sexuelle peut être autre chose que la pénétration, cela change la donne et élargit le champ des possibles !

Les freins à l'érotisme

Des recherches scientifiques sont disponibles au sujet des freins à la vie intime dans la période de la grossesse[3] :

- Les peurs, croyances, état de conscience altérée de la grossesse ;

---

1. « The School of Greatness », podcast, épisode 1291. Disponible sur YouTube, Apple Podcast ou Spotify.
2. Charlotte Frey. *Grossesse et sexualité conjugale*. Médecine humaine et pathologie. 2010. hal01885933. HAL Open science, Université de Lorraine.
3. E. Thomas, C. Baumann, L. Galliot, « Sexualité durant la grossesse : revue systématique », dans *La Revue Sage-Femme*, volume 18, issue 6, décembre 2019, Elsevier.

- Les facteurs socio-économiques (éducation, culture, religion, temps de travail, accès aux soins, antécédents médicaux) ;
- Les maux de grossesse (physiques et psychiques, notamment la dépression) ;
- La grossesse médicalement assistée ;
- La qualité de la vie sexuelle antérieure (désir, orgasme) ;
- La communication dans le couple et son ancienneté.

Durant la période qu'est la grossesse, on peut noter plusieurs avantages à voir l'érotisme comme quelque chose qui va *au-delà* de la sexualité en tant que telle. L'érotisme au service de la grossesse permet d'abord de sortir de certaines injonctions citées plus haut. Cela peut passer par l'écriture de mots doux, de scénarios érotiques à son ou sa partenaire ou encore par la lecture érotique ou des jeux où se mêlent l'accord des sens, le corps, la nudité, sans que cela s'engage obligatoirement dans un moment sexuel au sens génital. C'est possible en diminuant les exigences, en décalant les attentes, les envies parfois irréalistes au sujet de la sexualité durant cette période. Au-delà des modifications des pratiques sexuelles, saupoudrer d'érotisme le quotidien peut susciter du désir et du plaisir, instaurer une énergie positive, apporter une belle attention pour soi et dans le cocon intime. C'est aussi le moyen de débanaliser sa sexualité : « *C'est mécanique depuis ma PMA / Oh, vous savez, je crois que ça ne m'intéresse plus maintenant que j'attends mon enfant / Un peu protocolaire / Ce n'est plus comme au début* », comme elles disent... Cultiver l'érotisme dans sa vie solitaire et dans son couple est l'un des meilleurs moyens pour faire rejaillir du désir chez soi, chez l'autre, sans forcément s'exposer ou se rendre vulnérable en s'engageant physiquement dans la sexualité.

Le sexe pendant la grossesse: du mythe à la réalité

L'éducation à la santé sexuelle en périnatalité doit permettre aux femmes et aux couples de se sentir aptes à s'adapter aux changements inhérents à la parentalité. Pauline Schillaci, infirmière-sexologue, en a même fait le titre de son ouvrage: *Enceinte, j'adapte ma sexualité.*[1]

Plusieurs études ont montré que lors des consultations médicales, les femmes étaient en demande de parler de sexualité, mais attendaient l'ouverture du dialogue par les professionnels de santé[2]. Elles auraient particulièrement des questionnements autour du troisième mois de grossesse – comment adapter la sexualité –, puis vers la fin de la grossesse – ce que l'accouchement va avoir comme répercussion sur la sexualité post-partum.

Il me paraît indispensable de parler des mythes concernant la sexualité durant cette période, car ceux-ci gâchent parfois la vie érotique des femmes et des couples. Voici les plus communs relevés au sein de mon cabinet et qui nécessitent d'établir un temps privilégié pour en discuter avec la femme et avec le couple s'il y a.

LES MYTHES

Faire l'amour fait mal au bébé

Ce mythe revient le plus souvent dans les consultations où les partenaires sont présents. La pénétration vaginale, anale, et les

---

1. Pauline Schillaci, *Enceinte, j'adapte ma sexualité: dépasser les tabous, durant la grossesse et le post-partum,* collection « Et si on allait mieux ! », éditions in Press, 2024.
2. Charlotte Vigier. *L'information sur la sexualité pendant la grossesse dans le cadre d'un suivi de grossesse*. Gynécologie et obstétrique. 2021. dumas-03327699. HAL Open Science.

Coupe de profil (coupe sagittale)

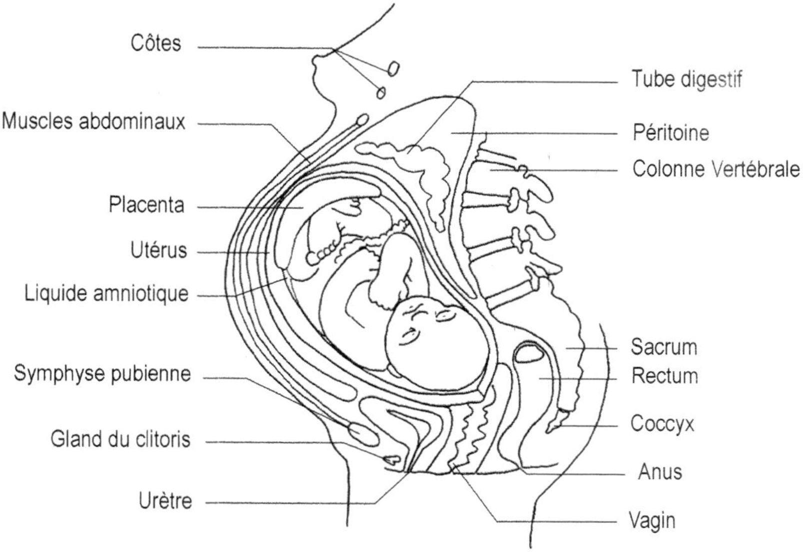

Vue de 3/4

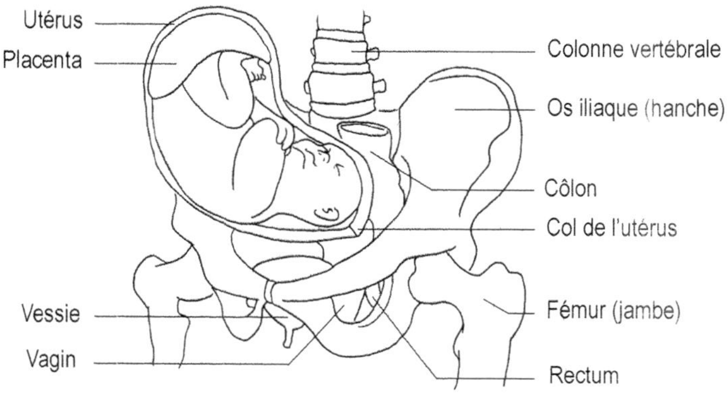

Les protections anatomiques de bébé in utero (coupe sagittale et vue du haut).

orgasmes ne font pas mal au bébé. L'anatomie est bien faite. Il est isolé dans sa poche amniotique et dans l'utérus douillet. Si l'on peut parfois sentir bébé qui bouge pendant les moments intimes (surtout à partir du 5e mois), ce n'est pas parce qu'on le gêne, mais plutôt du fait de l'afflux de sang qui arrive vers le pelvis ainsi que des positions qui sont prises.

Faire l'amour peut déclencher l'accouchement

Une rumeur persistante laisse entendre que les rapports sexuels – ceux avec pénétration et éjaculation intravaginale – peuvent déclencher un accouchement ou la mise en travail : c'est la fameuse « méthode à l'italienne ». Il n'y a aucune preuve scientifique pour confirmer cela ! Pour les couples hétérosexuels, en théorie la prostaglandine dans le sperme pourrait activer les contractions et la dilatation du col. En pratique, il faut quoi qu'il en soit une maturation du col cervical, c'est-à-dire qu'il soit bien ramolli, raccourci, ouvert. C'est donc loin d'être automatique. Les rapports sexuels ne montrent pas d'efficacité réelle sur la mise en travail et c'est pour cela que les personnes qui souhaitent avoir des rapports jusqu'à la fin de la grossesse ne doivent pas être découragées. A priori plus efficace, la stimulation des mamelons, mais là encore, rien de vraiment démontré. Beaucoup de couples s'y essayent en vain en fin de grossesse. Les orgasmes peuvent également provoquer des contractions utérines, mais qui n'agissent pas sur le col sauf s'il est déjà très modifié, c'est-à-dire mature[1].

1. Carole Decollogny, Lara Morgantini, Laetitia Sapino, *Impact des relations sexuelles sur la modification cervicale et la mise en travail de l'accouchement au terme d'une grossesse à bas risque*, mémoire de fin d'études, travail bachelor, HEdS (Haute école de Santé, Genève), 2013.

Il faut s'abstenir de faire l'amour pour limiter le risque de fausse couche

Faire l'amour n'a jamais fait tenir ou « tomber » un fœtus[1]. Il faut savoir que l'arrêt spontané de grossesse est souvent lié à une anomalie de la formation de l'œuf, ou d'autres étiologies médicales inévitables. Les femmes n'y sont donc pour rien et il y a déjà assez de sentiment de culpabilité pour ne pas en ajouter. Avoir des rapports sexuels n'entraîne aucunement un arrêt spontané de grossesse.

LES RÉALITÉS: CES QUESTIONS QUE TOUT LE MONDE SE POSE

Ces mythes nourrissent en partie les inquiétudes des personnes enceintes et des couples. Les personnes qui vivent une grossesse sont particulièrement en demande de réponses concernant les éventuelles contre-indications à mener une vie sexuelle durant cette période. Face à ce qui dérange ou préoccupe dans la vie intime, apporter une réponse à ces questions semble essentiel. Il y a des craintes ? Parlons-en ! Il est bon de rappeler que chaque grossesse est différente et unique, et que les réponses à ces questions peuvent varier d'une personne à l'autre.

Est-ce qu'il y a des contre-indications pour la pratique de la pénétration vaginale pendant la grossesse ?

Il y a peu de raisons valables concernant l'arrêt de la pratique de la pénétration vaginale durant la grossesse. Il existe les raisons médicales, et les raisons personnelles.
Les raisons médicales que peut invoquer votre professionnel·le sont : la menace d'accouchement prématuré[2], un placenta

---

1. Marc Ganem, *La sexualité du couple pendant la grossesse*, Filipacchi, 1992.
2. Par exemple dans le cadre des grossesses gémellaires, la pratique de la pénétration vaginale sera évitée après 22 semaines d'aménorrhée.

prævia[1], des saignements importants (métrorragies inexpliquées) et un risque de rupture des membranes. Dans la littérature scientifique actuelle, ce sont les seules raisons médicales officielles[2]. Dans la pratique, un certain nombre de professionnel·les pourront également en discuter dans le cas d'interruptions spontanées de grossesse répétées[3] ou encore dans certaines étapes d'un parcours d'aide à la procréation, pendant l'éventuelle nidation de l'embryon. Proposer à ces patientes d'agir sur les éventuels facteurs de risques – comme la limitation de la pénétration vaginale – semble cohérent quand bien même nous ne connaissons pas toujours la raison de ces arrêts de grossesse. Néanmoins, n'oubliez jamais que même les professionnel·les de santé ont des croyances et des convictions qui leur sont propres, et cela peut influencer leurs discours et conseils.

Les raisons personnelles à l'arrêt de la pénétration vaginale existent également : s'abstenir de cette pratique si l'on n'en a pas envie tombe sous le sens, mais ce n'est pas toujours évident de l'affirmer au sein du binôme intime. Les douleurs à la pénétration sont aussi une bonne raison de s'abstenir, au moins momentanément jusqu'à ce qu'une solution soit trouvée. En dehors de ces contre-indications médicales et de vos choix personnels, l'arrêt de toutes formes de sexualité pendant la grossesse n'est pas conseillé ni recommandé ! Encore une fois, la Haute Autorité de Santé est claire sur le sujet : « *La sexualité ne doit pas être déconseillée et les rapports sexuels n'ont pas d'inconvénients particuliers.* »

1. Le *placenta prævia* est aussi ce que l'on appelle un *placenta bas inséré*, c'est-à-dire qu'il est positionné au niveau du col de l'utérus : ce sont des grossesses plus surveillées, car il existe un risque plus grand d'hémorragie.
2. *Comment mieux informer les femmes enceintes ? Recommandations professionnelles*, Haute Autorité de Santé, 2005.
3. Aussi appelées fausses couches.

Est-ce que la masturbation est interdite pendant la grossesse ? Et les sextoys ?

Il n'y a pas de raison d'interdire la masturbation pendant la grossesse, sauf contre-indications médicales citées plus haut.

Concernant la pratique d'une sexualité solitaire avec sextoys, personne n'en parle et pourtant les patientes veulent savoir ! Il en existe à usage externe, qui prodiguent des vibrations sur la tête du clitoris au niveau de la vulve, mais aussi des sextoys pénétrants. Aucune raison à proscrire ces derniers, sauf contre-indication formelle à la pénétration vaginale par le corps médical bien entendu. Étonnamment, certains auteurs sexologues conseilleront un arrêt des objets pénétrants vibrants pendant le dernier trimestre de la grossesse, toujours par précaution à l'égard d'une éventuelle mise en travail ou modification du col utérin. Vous pourrez le lire par exemple dans l'ouvrage d'Alain Héril[1]. Cela va, selon moi, à l'encontre des recommandations

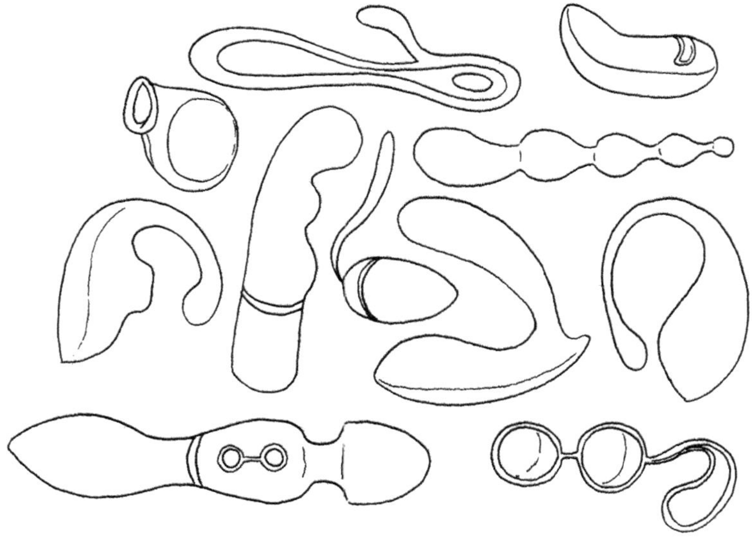

1. Alain Héril, *Pour allier grossesse, désir et plaisir*, Bussière, 2012.

actuelles et est sans haute validité scientifique. Le mieux est de questionner votre sage-femme ou gynécologue afin de vous sentir définitivement au clair avec l'utilisation de ces objets érotiques qui sont là pour vous faire du bien et non ressentir de la crainte.

Y a-t-il des positions sexuelles proscrites ?

En toute bonne logique, les positions sexuelles à proscrire sont celles où la personne ne se sent pas à l'aise : soit parce que ces positions font mal, soit parce qu'elles sont inconfortables. Si elles sont inconfortables physiquement, mais source de plaisir, il faut ne pas les tenir trop longtemps. Si elles sont inconfortables émotionnellement, car la femme enceinte craint pour son bébé, la position est alors inadaptée : elle fait peur et elle paraît dangereuse. Les positions dites « dangereuses » sont celles où le ventre peut être percuté, écrasé maladroitement. C'est pour cela que les professionnel·les[1] recommandent l'arrêt « missionnaire » dès le 5e mois. De manière générale,

Ici par exemple, la position où le ventre n'est pas « protégé » semble contre-indiquée.

1. Patrice Lopès, *Manuel de sexologie*, p. 83, chapitre « Sexualité et grossesse », Elsevier Masson, 2014.

dès le second trimestre, la position couchée sur le dos est déconseillée pour la femme enceinte, car elle favorise les malaises par compression de la veine cave inférieure.

Qu'est-ce qu'il ressent le bébé, pendant l'amour ?

C'est une bonne question et personne n'a la réponse exacte. Nous savons que beaucoup de sens se développent chez le bébé tôt durant la grossesse. Le bébé acquiert une sensorialité au travers de sa mère[1]. Toucher, sentir, goûter, entendre, tout cela dépend étroitement de ce qui est donné à toucher, sentir, goûter, etc. Certains médecins et sexologues iront même jusqu'à dire que pendant l'amour *« c'est comme si votre bébé prenait un bon jacuzzi »*[2]. Le corps de la femme est donc un lieu de mise en place des références sensorielles, un lieu de plaisir et de découverte ! Nous pourrions donc en conclure qu'un moment intime satisfaisant vécu par la maman amène des sensations et ressentis positifs au bébé, que ce soit à travers les sens, mais également sur le plan hormonal. À ma connaissance, cela n'a pas été validé sur le plan scientifique. Il me paraît juste intéressant et valorisant de se dire qu'en nous faisant du bien, nous transmettons ces ondes positives à l'enfant.

Je ne me sens pas bien dans ma sexualité et j'ai besoin d'en parler, vers qui puis-je me tourner ?

La sage-femme est la personne avec qui vous allez nécessairement passer le plus de temps durant votre grossesse. Vous pouvez lui en parler.

Les sexologues sont expert·es en matière de sexualité et sont donc amené·es très régulièrement à accompagner des

---

1. Claude-Émile Tourné, *Un corps pour trois. La sexualité au cours de la grossesse*, Érès, 2003.
2. Alexandra Hubin dans le podcast « Moi, Papa – La sexualité pendant et après la grossesse », 2022.

personnes qui se questionnent sur la sexualité périnatale. Il ne faut pas avoir peur d'aller consulter un·e sexologue clinicien·ne, même ponctuellement le temps de la grossesse, même pour « quelques conseils » !
Vous pouvez également vous tourner vers votre professionnel·le de santé de confiance. Cela peut être votre sage-femme ou gynécologue, mais aussi votre médecin généraliste. Étonnant ou non, les professionnel·les de santé du milieu de la périnatalité ne sont pas tous formé·es de la même manière ni sensibilisé·es à la question de la santé sexuelle périnatale. Il se peut alors que les informations et conseils prodigués soient insatisfaisants. Si c'est le cas, ne laissez pas tomber et insistez auprès d'autres professionnel·les.

J'ai mal lors de la pénétration, est-ce normal ?

Avoir mal lors de la pénétration n'est jamais normal[1].
Il faut vérifier avec votre professionnel·le de santé de confiance (sage-femme, gynécologue, médecin généraliste, kinésithérapeute spécialisé·e en périnéologie) les potentielles causes médicales et/ou mécaniques, puis trouver des solutions thérapeutiques en adaptant votre sexualité durant les soins et en traitant la cause si possible.
La grossesse entraîne des changements corporels qui peuvent avoir un retentissement négatif sur les sensations intimes. Gardez en tête qu'il ne faut jamais banaliser vos douleurs sexuelles et négliger vos ressentis : ils sont là pour vous guider et vous protéger.

---

1. Angéla Bonnaud, Margot Maurel, *Vaginismes : comprendre, se soigner, s'épanouir*, La Musardine, 2023.

Pour conclure

Les injonctions et les mythes en matière de sexualité durant la grossesse sont nombreux et il faut s'y pencher afin de comprendre les éventuels obstacles qui bloquent l'accès à une vie intime épanouie. Les questions que les personnes se posent à ce sujet sont toutes légitimes. Il n'y a jamais de « questions bêtes ». Les professionnel·les du domaine se doivent de les accueillir et d'y répondre en communiquant des informations claires et étayées. Il n'y a pas de raison que l'érotisme soit mis sous tutelle et que la sexualité soit censurée alors même que ces personnes désirent peut-être la poursuivre, la cultiver, l'enrichir ou simplement comprendre ce qui se passe en elles.

LES CHANGEMENTS CORPORELS ET ÉMOTIONNELS : QUELS IMPACTS ?

Classiquement, la grossesse couvre une période de neuf mois, sans compter la période de préconception, durant laquelle le corps et la psyché connaissent de nombreuses transformations. Nous entendons souvent que *« le corps et l'esprit sont liés et indissociables ».* Cette conception place au centre de la réflexion philosophique la question de l'interrelation entre les états mentaux et physiques. Cette vision m'amène à ne pas dissocier, dans ce chapitre, les bouleversements physiques de ceux psychoémotionnels, tous deux à l'origine d'éventuelles perturbations dans l'intimité. Les préoccupations liées au corps et à l'image du corps sont souvent corrélées aux difficultés corporelles dites secondaires comme la fatigue, les douleurs à la poitrine, au dos, etc. Les professionnel·es de santé parlent parfois de « petits maux de grossesse ». La sexualité se voit impactée par ces modifications, mais il est possible de s'y adapter.

Enfin, comment – malgré les maux – se connecter à soi physiquement, émotionnellement et intimement, pour libérer son potentiel érotique? La kinésithérapeute-sexologue Geneviève Perronny Marquat parle dans son ouvrage[1] de « découvrir son corps sexuel, sensuel ». Il s'agit d'approfondir la question du *corps sexuel et sensuel,* via chaque partie du corps en transformation durant la grossesse, en particulier la connexion au périnée, ce fabuleux groupe de muscles qui ferme le bassin, trop souvent méconnu. Pour certaines femmes, la grossesse est un moment de découverte de leur anatomie et de leur intériorité. S'approprier érotiquement son corps en grand changement et son sexe est possible par bien des moyens. Parfois l'excitation sexuelle et la montée du désir explosent de manière surprenante dans le corps par ce biais. Les fantasmes érotiques peuvent être plus présents, nourrissant le désir sexuel et la libido.

Certains psychologues disent que la grossesse est à l'instar de la puberté une période de « crise maturative » dont l'enjeu serait de parvenir à la formation d'une nouvelle identité pour la femme devenant mère[2]. Ce phénomène mobilise de l'énergie et peut rendre vulnérable la femme enceinte sur le plan émotionnel et mental. De la même manière, pour le coparent, les choses évoluent, bien qu'il ne porte pas l'enfant physiquement. N'étant pas psychologue clinicienne, j'insisterai plutôt sur ce que cela peut provoquer dans la sphère intime et sexuelle. Néanmoins, vous pouvez retrouver plus d'informations sur la dimension psychologique en écoutant des podcasts comme « La Matrescence ».

---

1. Geneviève Perronny Marquat, *Dysfonctions sexuelles : prise en charge en kiné-sexologie et thérapie cognitivo-comportementale*, éditions santé Robert Jauze, 2014.
2. Amélie Saucier, *La Sexualité pendant la grossesse : ose-t-on communiquer?* Université du Québec, 2011.

Le corps dans tous ses états

LE PREMIER ORGANE SEXUEL: LE CERVEAU

Le cerveau est un organe assez méconnu. La difficulté de son étude lors de la grossesse notamment vient du fait que nous savons peu de choses sur les modifications physiologiques des hormones cérébrales de l'amour. Nous savons qu'il existe des variations hormonales importantes dans les taux d'œstrogène, de progestérone et de testostérone[1] durant la grossesse. Ces hormones, aussi connues pour leur rôle dans la sexualité, peuvent impacter l'humeur, les cognitions. Elles peuvent perturber les différentes structures cérébrales nécessaires à l'émergence du désir sexuel. Il est établi aujourd'hui que ces modifications cérébrales se poursuivent longtemps après l'accouchement, plusieurs années après[2].
Les aléas de désir sexuel lors de la grossesse ne sont pas uniquement dus au bouillonnement hormonal et aux modifications cérébrales. Le trépied – biologique, relationnel, psychique – est à l'œuvre dans le processus du désir et de l'amorcement du rapport sexuel. Le désir n'a pas de normes et peut être particulièrement dynamité lors de la grossesse : à la hausse comme à la baisse !

Un désir à la baisse…

Il existe des variations de désir entre les partenaires, mais aussi individuellement d'un trimestre à l'autre. Généralement, pour la personne enceinte, le désir sexuel se montre plus faible au cours

1. La testostérone joue un rôle chez la femme : elle contribue à la régulation du métabolisme, favorise la combustion des graisses et aide à maintenir la masse musculaire, régule l'humeur et les cognitions, etc. Ce n'est pas une hormone exclusivement masculine comme on peut le penser !
2. Dr Hugo Bottemanne, Dr Lucie Joly, *Dans le cerveau des mamans : la maternité, l'amour et le baby-blues expliqués par les neurosciences*, éditions du Rocher, 2022.

du premier trimestre en raison des changements physiques et psychologiques et peut réaugmenter lors du second trimestre. Certaines patientes expriment ce désir absent ou en dent de scie : « *C'était perturbant, un coup je n'avais plus du tout envie, un coup j'étais totalement en feu… Je pensais aux hormones, mais ça ne pouvait pas être que ça / Personnellement j'avais zéro envie, zéro désir, même envers moi-même et ça m'a tenue tout le long de la grossesse.* »

… ou à la hausse

Camille Bataillon, sexologue spécialisée en sexopérinatalité, en parle dans le podcast « La grossesse en vrai » réalisé par Maude Harcheb : il y a des femmes enceintes qui ont un désir décuplé. Elles peuvent avoir de nouveaux fantasmes sexuels et faire des rêves érotiques intenses : « *C'était super bizarre, je faisais des rêves érotiques hyper osés / J'imaginais des orgies, des choses que je n'avais jamais faites, j'avais tout d'un coup envie.* » Ces femmes peuvent ressentir un besoin irrépressible de faire l'amour. Certaines expliquent qu'elles ont un imaginaire érotique et des fantasmes débordants qui stimulent le désir sexuel actif ; d'autres que leurs zones érogènes sont accessibles plus facilement par le·la partenaire et que cela fait monter l'excitation sexuelle et le désir réceptif ; elles sont actrices de ce désir ardent et se sentent libres de l'exprimer dans le couple.

L'histoire de Gloria:

«Depuis le début de ma grossesse, mon mari et moi regardons fréquemment des films pornographiques. C'est quelque chose que nous ne faisions pas souvent avant. C'est moi qui ai lancé l'idée et c'est moi qui choisis les films... J'aime pouvoir utiliser mes fantasmes au lit, ma libido est complètement en vrille avec cette grossesse! J'ai envie de faire des trucs que je ne pratique jamais. Mon partenaire est ravi et me suis dans tous mes délires. Je crois qu'on ne s'est jamais sentis aussi bien ensemble niveau sexe.»

Des femmes découvrent l'orgasme durant la grossesse, entretenant le cercle vertueux de la satisfaction sexuelle et du désir. Je repense à cette patiente qui me disait que le sexe enceinte était devenu une «drogue», qu'elle s'était surprise à se masturber plusieurs fois par jour. Dans le même registre, la journaliste Pauline Verzudier[1] nous raconte les nouvelles expérimentations sexuelles de Marguerite, mère de trois enfants, qui dresse un tableau comique de son envie sexuelle enceinte. Durant ses deux grossesses, elle a ressenti une hypersensibilité de la vulve et un besoin irrésistible de frottements: *«J'arrivais devant mon compagnon en lui disant: "Vite, vite, gratte-moi!" Je ressentais comme une sorte de démangeaison et j'avais un besoin impérieux de me soulager en faisant l'amour.»*

1. Journal *Le Temps*, novembre 2023.

LES ZONES ÉROGÈNES PRIMAIRES BOULEVERSÉES

Les seins

C'est un des premiers signes évoqués par les patientes lorsqu'elles pensent être enceintes. Les seins peuvent devenir plus durs, plus lourds, les aréoles changer de couleur et les veines se gonfler.

Les seins lors de l'excitation sexuelle

Les seins subissent une congestion veineuse ainsi qu'une réorganisation nerveuse à l'approche de la lactation[1] et cela peut rendre le contact désagréable durant les caresses et dans l'excitation sexuelle. Mais proposer des caresses différentes et adaptées aux ressentis de la grossesse est possible : plus enveloppantes, plus globales, avec un contact plus doux sur la poitrine, par exemple en appliquant de l'huile d'amande douce ou de jojoba, non irritantes. À ce sujet, je recommande la série Netflix *Sex, Love, and Goop* de Gwyneth Paltrow : des experts – love coachs, sexologues, professeurs de tantra – guident des couples. Des ateliers orientés sur le corps et la manière de le toucher leur sont proposés afin de trouver une connexion intime plus profonde. C'est tout un art de donner et recevoir du plaisir par la poitrine et le défi peut être encore plus complexe enceinte, mais tentant. Cette hypersensibilité de la poitrine peut apporter des sensations nouvelles, menant parfois à l'orgasme sans aucune autre stimulation !

---

1. *Breast Growth and the Urinary Excretion of Lactose during Human Pregnancy and early Lactation Endocrine Relationship*, Cox DB, Exp physiol ; 1999.

La vulve

L'excitation sexuelle se compose de deux entités, l'une physique et l'autre psychoémotionnelle. L'entité physique est parfois dissociée de celle psychoémotionnelle, et inversement. Cela signifie que la personne peut se sentir excitée sans lubrifier, ou lubrifier sans se sentir particulièrement excitée psychiquement. Pendant la grossesse, l'excitation physique tend à augmenter grâce aux modifications physiologiques vasculaire, hormonale et mécanique.

Enceinte, le sexe connaît des transformations du fait de l'inondation hormonale et vasculaire: les petites lèvres se pigmentent, le clitoris s'engorge, mais aussi le périnée.

Je propose régulièrement à mes patientes d'observer leur sexe durant leur grossesse. Elles peuvent prendre un miroir et découvrir les modifications de la vulve trimestre par trimestre. L'intérêt de cette proposition réside dans le fait de continuer à s'approprier son sexe en changement, à en être l'experte. Les femmes après l'accouchement peuvent dire qu'elles ne reconnaissent plus leur vulve, qu'elle a été endommagée par l'accouchement, et qu'elles ne veulent plus la regarder ni la toucher. Ce n'est pas le cas de toutes, bien sûr, mais j'en rencontre suffisamment au cabinet pour proposer en amont ce conseil d'observance de leur vulve durant la grossesse elle-même et en post-partum. C'est aussi un bon moyen de connaître son anatomie. Je suis toujours surprise lorsque les patientes me disent qu'elles n'ont jamais pensé à regarder leur sexe dans un miroir: certaines attendent d'avoir eu un enfant pour le faire.

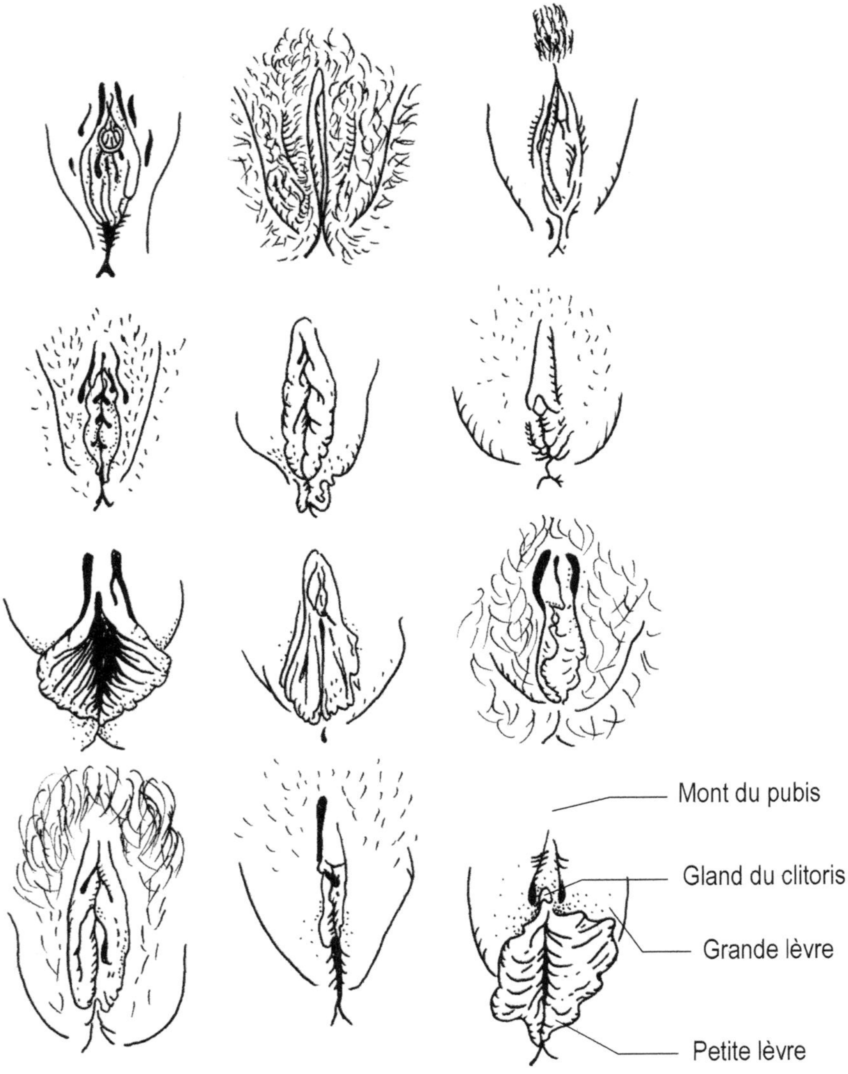

Vulves vues de face

EXERCICE POUR DÉCOUVRIR SON SEXE :
Ô MON BEAU MIROIR

Je vous propose, pour regarder votre sexe confortablement, de vous assoir sur le sol et que votre dos puisse se reposer contre un mur. Utilisez un coussin et une serviette éventuellement. Bas du dos rond et genoux fléchis, ouvrez-les ensuite, dans une position losange. Si cela est plus confortable pour vous, rehaussez vos genoux avec des coussins de part et d'autre afin de les faire reposer dessus en ouverture. C'est important, car on peut se sentir crispée au niveau de l'intérieur des cuisses et, pour cet exercice, il faut au contraire du relâchement au niveau de ses adducteurs. Placez ensuite votre miroir devant votre vulve. À ce stade, certaines personnes ressentiront peut-être des émotions inhabituelles : prenez le temps de les accueillir, de les nommer dans votre tête. Respirez tranquillement. Maintenant, observez-vous : la couleur des lèvres, les poils s'il y a, la forme des petites lèvres, la tête du clitoris, l'entrée du vagin, la petite partie de chair juste en dessous du vagin avant l'anus (le périnée), l'anus... N'hésitez pas à toucher tous ces endroits si vous en avez envie et à en ressentir les textures. Si cela vous dit, faites cet exercice régulièrement durant la grossesse, vous verrez que votre vulve peut se modifier, que les émotions que vous avez lors de cette observation peuvent aussi varier. Vous êtes l'experte de votre vulve !

Le périnée

Constitué de plusieurs couches de tissus musculaires et conjonctifs qui tapissent le bassin par le bas, il est également appelé « plancher pelvien »[1]. Le périnée joue un rôle fondamental pendant la grossesse en se relâchant et en s'étirant sous le

1. Anna Roy, *On en parle de mon périnée ?*, Leduc, 2018.

poids du ventre qui grandit. Certaines patientes enceintes sentent parfois une pesanteur « en bas », souvent lors du dernier mois : c'est le périnée. Ce dernier n'a pas comme unique rôle celui de soutien des organes :

- Il travaille en synergie avec le diaphragme et les abdominaux pour permettre à la respiration d'être optimale ;
- Il permet l'élimination et la rétention des urines et des selles puisqu'il ferme les sphincters (anus, vessie, vagin) ;
- Il a un rôle de compliance et de mobilité face aux contraintes qu'on lui fait subir. Il s'adapte à la pression créée dans l'abdomen et se mobilise lorsqu'on tousse, bouge, court, crie ou lorsqu'on fait l'amour ;
- Il procure du plaisir dans la vie sexuelle, rend l'orgasme puissant, et s'assouplit assez pour ne pas faire mal lors de la pénétration, tout en restant tonique et sensible aux ressentis internes.

Lorsque le périnée ne joue plus son rôle, il envoie des signaux : des symptômes apparaissent comme des fuites urinaires, des fuites de gaz, des douleurs lors de la pénétration, une pesanteur dans le vagin au quotidien, une difficulté pour se retenir d'uriner… Il faut en parler à votre professionnel·le de santé (gynécologue, sage-femme, médecin généraliste). Contrairement aux idées reçues, il est tout à fait possible de proposer de la kinésithérapie périnéale lors de la grossesse afin de rééduquer votre périnée, sans risque. Le périnée des femmes enceintes n'est pas toujours « trop mou », comme elles le pensent. Il peut être aussi « trop tonique » ou encore être asynchrone avec les abdominaux. Des kinésithérapeutes adapté·es sont formés à cela[1] pour un

1. Les kinésithérapeutes spécialisé·es en périnéologie. Vous trouverez leurs références sur les sites spécialisé·es comme : les Clés de Vénus, l'AFREPP, l'EIRPP, l'association Périnée bien-aimé.

bilan détaillé. J'aime l'image que proposent Ingrid Bizaguet et Pauline Higgins, respectivement danseuse-chorégraphe et sage-femme, qui ont monté une formation professionnalisante en « danse et périnée ». Elles proposent, comme temps préalable à la danse, de dessiner son périnée en fonction de comment la femme le ressent : est-ce un hamac, souple et mobile ? Un lavabo, rigide et peu mobile ? Une corbeille en tissu, profonde et peu élastique ? Un trampoline, élastique et rebondissant ?

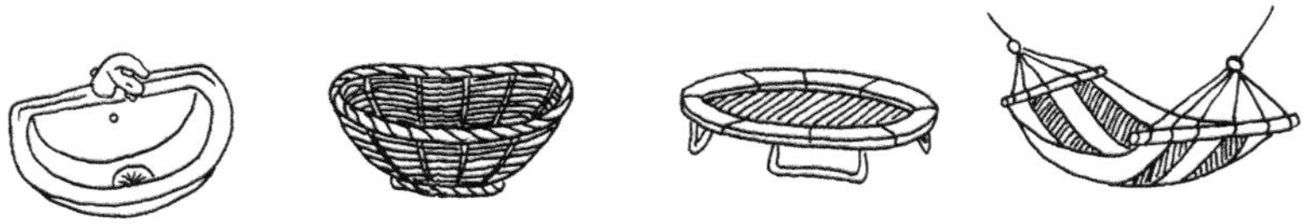

Quel type de périnée êtes-vous ?

Le corps en transformation impose au périnée de s'adapter perpétuellement. Les femmes ont besoin de le connaître, de le sentir et de comprendre son fonctionnement. Se connecter à son corps, c'est aussi prendre conscience de cette région d'où l'enfant va émerger : la zone pelvi-périnéale et génitale. Trop de patientes n'ont pas grande connaissance ni conscience de leur sexe ni de leur périnée. La wgrossesse peut être un tremplin pour mieux connaître et apprivoiser cette zone. C'est un moment propice pour s'y pencher sans attendre le post-partum comme certaines le pensent : « *Oh, je verrai après / Ça, c'est pour après mon accouchement.* » Se sentir armée en amont du post-partum – période de grande vulnérabilité – pour toucher son sexe, apprivoiser les signaux émotionnels et physiques qui émanent du périnée est une ressource positive pour mieux anticiper cette période. Pour cela, il est possible d'apprivoiser par les cinq sens cet espace de soi. D'abord, si je regarde mon sexe, qu'est-ce que je vois et comment je me sens ? Lorsque je le touche, quelles sont les matières, les textures ? C'est l'objectif de l'exercice que je vous ai proposé avec le miroir. Vous pouvez aller plus loin sensoriellement : est-ce que mon sexe a une odeur particulière ? Lorsque je touche mon périnée, de l'extérieur déjà puis à l'intérieur dans le vagin lorsque je mets mon doigt, y-a-t-il des zones tendues et d'autres souples ? Est-ce que j'ai mal par endroits, ou simplement je ressens un étirement, mais sans douleur ? Est-ce que je peux le contracter autour de mon doigt ? Est-ce que je peux le contracter sans mettre de doigt à l'intérieur ? Vous verrez de l'extérieur que la contraction du périnée se voit très bien, surtout au niveau de l'arrière du périnée (anus, centre tendineux). N'oubliez pas d'être à l'écoute de vos émotions : suis-je bouleversée par une émotion en particulier ? Laquelle ?

Le fait d'apprivoiser son sexe à travers les 5 sens est une thématique récurrente dans mon cabinet : je le propose pendant la grossesse et après l'accouchement (combien de patientes m'ont dit ne plus vouloir, ne plus pouvoir se regarder ni toucher leur sexe après l'arrivée de leur bébé ?). Il m'arrive également de proposer des lectures pour accompagner cet exercice, notamment *Les Joies du périnée : comment le muscler pour réveiller sa sexualité* écrit récemment par une consœur kinésithérapeute-sexologue, Laurence Montella[1].
Les sages-femmes recommandent, souvent autour du 8e mois, l'automassage du périnée en vue de « préparer l'accouchement ». Selon leur expérience, le massage et l'étirement progressif et régulier du périnée – notamment de la région postérieure – diminueraient le recours à l'épisiotomie et aux déchirures. On propose aux femmes d'insérer leur pouce dans le vagin, puis de masser la partie de chair sous la pulpe du pouce. Le massage est plutôt une poussée vers le bas, c'est-à-dire un étirement progressif de l'arrière du périnée, comme si elles suivaient un demi-cercle imaginaire.

1. Éditions Flammarion, 2024.

EXERCICE DE CONNEXION PÉRINÉALE GUIDÉE

Prenez un moment pour prendre conscience de votre périnée. Allongez-vous sur le dos genoux fléchis si c'est confortable, sinon sur le côté, sur une surface dure. Vous pouvez mettre de la musique calme. Prenez avec vous un petit coussin dodu et placez-le sous votre bassin. Prenez le temps de respirer profondément: commencer par l'expiration, comme ceci votre inspiration sera naturelle et non forcée. Scanner votre corps via sa respiration. D'où est-ce que vous respirez? Est-ce votre thorax qui bouge, votre ventre? Prenez soin de détendre vos épaules, votre mâchoire, vos mains. Ressentez les zones de votre corps qui sont posées au sol, qui s'ancrent. Maintenant, focalisez votre attention sur votre bassin et le périnée, votre sexe. Que ressentez-vous? Vous sentirez peut-être que votre sacrum pousse contre le sol, surtout si vous êtes sur le dos, lors de l'inspiration. Lorsque vous inspirez, votre cage thoracique et votre ventre prennent de l'ampleur. Cela peut vous donner la sensation que le périnée pousse, il descend, il bouge. Lorsque vous expirez, par le nez ou par la bouche, l'air se vide doucement, votre cage thoracique et votre ventre se rétractent légèrement. En soufflant l'air, votre périnée remonte, peut-être qu'il se contracte. Ne cherchez pas à faire quelque chose, à forcer le mouvement. Juste respirer à votre manière, lentement. Vous pouvez placer le coussin ailleurs: sous vos côtes sur la zone du soutien-gorge, sous votre nuque... Respirez et observez si vos sensations corporelles changent, si vous préférez lorsque le coussin est à cet endroit plutôt qu'un autre. Lorsque vous arrivez à cette étape, vous pouvez accompagner le mouvement de votre périnée, en le contractant volontairement à l'expiration uniquement, pour amplifier son mouvement vers le haut. Lorsque vous accompagnez sa montée, ce n'est pas une grosse contraction, c'est plutôt une aspiration. Ne jugez pas ce que vous faites, il n'y a aucune attente si ce n'est de vous mettre dans vos ressentis: ce n'est pas un exercice aussi facile qu'il peut paraître. Vous venez de vous connecter à votre périnée.

Cet étirement peut être inconfortable, mais la fréquence de l'exercice peut le rendre finalement agréable : « *Au départ ça m'a fait mal, je n'ai pas compris pourquoi. Et puis je ne comprenais pas vraiment ce que je faisais, mais lorsque vous m'avez dit en séance que finalement c'était un peu comme un massage de l'anus, j'ai mieux visualisé ce que j'avais à faire. À la fin de ma grossesse, je n'avais plus mal en le faisant. Je ne sais pas si c'est grâce à ça que je n'ai pas eu de grosses déchirures, mais bon, au moins je sais le faire !* »
Ce conseil a été validé par des études scientifiques, rendant plutôt concluant l'automassage, mais sous certaines conditions : « *Le massage périnéal pendant la grossesse doit être encouragé chez les femmes souhaitant le pratiquer. Ce qui semble être efficace est un massage périnéal pratiqué par la femme ou le partenaire, au minimum trois fois par semaine initié à 34 semaines de grossesse (36 SA).* »[1]
Pour ma part, je rencontre malheureusement plutôt des patientes pour qui l'exercice est impossible ou impensable :

- Certaines ne souhaitent pas toucher leur sexe avec parfois un sentiment de dégoût, de honte. Toucher son sexe peut être tabou, cela renforce l'évitement et la méconnaissance. Aussi, le sexe peut être perçu comme modifié : la vulve change d'aspect durant la grossesse et la représentation que l'on se fait de « l'intérieur » change également maintenant que l'utérus abrite le bébé ;
- Elles ont mal en le faisant. Cela peut être à l'origine de sentiments variés comme de la peur, mais aussi de la tristesse ou de la colère. Elles peuvent ressentir un fort

---

1. *Methods of Preventing Perineal Injury and Dysfunction during Pregnancy*, CNGOF Perineal Prevention and Protection in Obstetrics, 2018.

Le massage périnéal.

sentiment d'injustice : pourquoi les autres y arrivent, mais pas elles ? ;

- Elles ne parviennent pas à mettre en pratique ce que la sage-femme leur a expliqué, car je le rappelle, il y a un immense fossé entre la théorie et la pratique. Cela peut occasionner de la culpabilité, de l'incompréhension et un sentiment de solitude.

L'automassage n'est en rien obligatoire. Mais les femmes qui s'y refusent peuvent ensuite se sentir coupables si l'accouchement par voie basse ne se passe pas bien. « *Si j'ai une déchirure, je m'en voudrai de ne pas m'être massée / Est-ce grave si je ne masse pas mon périnée ?* » Au vu de ce constat, le caractère multidimensionnel du massage périnéal n'est pas à négliger, ni par le·la professionnel·le qui le recommande ni par la patiente. Pour certaines patientes, l'impact psychique et émotionnel de cet exercice est important. Dans le cocon intime, il est tout à fait envisageable de demander au partenaire de masser et érotiser le périnée en même temps. Plusieurs patientes m'ont déjà questionnée à ce sujet, car elles se projettent plus facilement si c'est leur partenaire qui effectue le massage. Pourquoi ne pas allier sexualité et massage du périnée ? Ne pas masser ce groupe de muscles comme un exercice ou un protocole strict et rendre ce moment plus sensuel, c'est tout à fait possible et les professionnel·les ne le disent pas assez.

Le sexe et le périnée durant l'excitation sexuelle

Dès le quatrième mois, l'engorgement veineux qui survient lors de l'excitation sexuelle peut expliquer la sensation d'une pseudo obstruction de l'orifice vaginal[1]. En clair, les femmes

1. Pauline Aubry, *La Sexualité de la femme après un premier enfant*, Gynécologie et obstétrique, 2017, dumas-01649378. HAL open science.

peuvent se sentir particulièrement et inhabituellement « serrées » à l'entrée du vagin. Cette grande sensibilité se retrouve aussi au niveau du clitoris, des lèvres et du périnée. Le périnée étant particulièrement engorgé et sensible aux stimuli extérieurs, cela peut malmener les ressentis durant la pénétration ou rendre certaines caresses inhabituellement inconfortables.

C'est donc à double tranchant : la zone vulvaire et périnéale peut devenir aussi bien inconfortable lors des caresses que particulièrement épanouissante. Oui, il n'y a pas que le clitoris qui procure du plaisir. Le périnée a un rôle dans le plaisir sexuel et les sensations orgasmiques. Un périnée qui fonctionne bien peut procurer des sensations internes voluptueuses et un orgasme puissant. Certain·es personnes peuvent en témoigner après une rééducation périnéale, par exemple : *« Je n'ai jamais joui aussi fort qu'après mes 20 séances de kiné »* m'a dit une patiente ; *« Clairement, suite à la séance de massage périnéal, j'ai beaucoup mieux ressenti les choses durant la masturbation »,* m'a rapporté une autre. Les femmes enceintes peuvent l'envisager de manière érotique en jouant avec du contracter-relâcher lors de la pénétration ou simplement en laissant venir les sensations en pleine conscience. En externe, toute la zone de la vulve au périnée jusqu'à l'anus est à caresser avec un éclairage nouveau en jouant avec l'hypersensibilité et les nouvelles zones érogènes.

A contrario de ce qui a été dit plus tôt, certaines patientes vont ressentir beaucoup plus de sensations voluptueuses durant la pénétration vaginale. Les couples envisagent parfois d'essayer la pénétration anale justement parce que les sensations périnéales sont agréablement modifiées.

L'orgasme

La capacité orgasmique n'est pas modifiée chez les femmes enceintes. Néanmoins, certaines femmes décrivent des crampes abdominales – dues aux contractions utérines – et des maux de tête post-orgasme qui peuvent déranger. Les crampes peuvent provoquer des inquiétudes pour le bébé et les maux de tête faire redouter d'aller jusqu'à l'orgasme. Le cercle vicieux – appréhension et anticipation de la douleur, baisse de l'intimité puis du désir – peut rapidement s'installer s'il n'y a pas une bonne communication et adaptation sexuelle. Le plaisir sexuel est tout à fait possible sans atteindre l'orgasme. Pour d'autres, l'orgasme est justement une découverte. Elles n'avaient peut-être jamais pu y accéder auparavant. Il y a celles qui en ont plusieurs d'affilée durant le moment sexuel, d'autres qui en auront la nuit dans leurs rêves… Quoi qu'il en soit, tout ça, c'est nouveau !

En résumé, certaines femmes accèdent à une grande satisfaction érotique lorsqu'elles explorent leur *nouveau corps sexuel et sensuel.* Mettre de la présence dans son corps et dans son sexe durant la grossesse, seule ou à deux, peut permettre de découvrir ses nouvelles zones érogènes[1].

La connexion à soi et à son sexe passe par le toucher, mais aussi par la pensée, l'intention que l'on met dans le geste, le plaisir… L'attention portée aux gestes du quotidien sur son corps et son sexe, celle ici portée lors des massages périnéaux, n'est pas à négliger. Avoir envie d'en prendre soin, se donner comme objectif de se faire du bien, avoir des pensées positives en lien avec son périnée, ça compte.

Certaines femmes enceintes pourront même se connecter de manière auto-érotique.

---

1. P. Borelli, *Le Sexocorporel au service du désir sexuel féminin pendant la grossesse*, Université de Genève, 2011.

Par exemple, à travers la sexualité solitaire, qui est un moyen parmi d'autres pour cultiver sa sensorialité et la compréhension de son sexe : comment il fonctionne, comment il donne du plaisir. La masturbation est une alliée, souvent. Les femmes peuvent poser une intention au moment du contact avec le sexe et les zones érogènes, elles peuvent se concentrer uniquement sur ça, sur les ressentis corporels. Mais aussi, rien ne les empêche d'explorer leur imaginaire érotique le temps qu'elles veulent sans être interrompues, étant sans partenaires. Elles ont la possibilité de se mettre dans un environnement adapté à l'émergence du désir : odeur, lumière, texture, musique...

PROPOSITION D'EXPLORATION INTIME

De la même manière que vous avez pris le temps de vous familiariser avec votre périnée, vous allez vous octroyer un moment, seule, pour prendre le temps de vous connecter de manière plus érotique à votre corps et votre sexe. Choisissez ce moment rien que pour vous et prenez le temps d'écouter vos envies : est-ce que j'ai envie de musique ? D'un parfum en particulier pour embaumer la pièce ? D'être nue ou en culotte ? Il y a de multiples façons de stimuler vos sens, que ce soit en tamisant la lumière ou en portant un vêtement avec une texture spéciale, ou bien au niveau auditif en écoutant un podcast érotique[1]... Vous aurez peut-être fait le choix de prendre ce moment dans votre bain, ou sur votre lit, avec peut-être un coussin entre les cuisses ou un sextoy dans les mains, que sais-je. Prenez un moment pour respirer et sentir où se situent les potentiels endroits

1. Il existe aujourd'hui des podcasts érotiques comme VOXXX ou Le Son du Désir, et plein d'autres. Et plein d'autres permettant de varier les sources d'excitation potentielle tout en restant connecté·e à ses sensations physiques.

qui peuvent faire plaisir : est-ce immédiatement la tête du clitoris ? Peut-être pouvez-vous caresser votre corps de manière progressive : l'intérieur des poignets, la nuque, la poitrine, les flancs, l'intérieur des cuisses ? Variez les pressions et les effleurements, restez curieuse de ce que cela peut produire sur votre corps : une chair de poule, une réaction musculaire, un son... Vous pouvez maintenant faire appel à votre imaginaire érotique pour faire monter l'excitation physique et émotionnelle : un scénario qui vous excite, revivre un moment érotique passé, vous concentrer sur la voix du podcast que vous écoutez. Si le cœur et le corps vous en disent, caressez votre sexe si votre ventre vous le permet. Peut-être que certaines utiliseront un objet vibrant afin d'y accéder plus facilement. Continuez à respirer et sentez comme votre respiration peut guider vos mouvements de bassin : d'avant en arrière, jambes ouvertes, puis jambes serrées. La tête du clitoris peut être caressée, de manière plus ou moins appuyée, de haut en bas ou en cercle, en tapotant, en faisant glisser la culotte dessus s'il y a... Certaines seront peut-être au stade où l'envie de pénétration se fait sentir, comme un appel à l'entrée du vagin. Allez-y tranquillement, utilisez du lubrifiant, même si la lubrification naturelle est présente. À l'intérieur, prenez le temps de ressentir la chaleur, les mouvements de votre périnée sur votre/vos doigts ou sur l'objet. Laissez-vous porter par vos pensées érotiques et par vos sensations corporelles. Ne visez pas obligatoirement l'orgasme et si vous en êtes proche, jouez avec cet état de tension avant d'arriver au climax, c'est-à-dire à l'apogée de votre excitation.

Une autre piste est la danse, qui permet d'améliorer son schéma corporel, mais aussi la conscience de son corps pour accéder à une forme de « lâcher-prise » physique et émotionnel. Je me suis formée à la danse thérapie en périnatalité tout en écrivant cet ouvrage. En danse thérapie, l'objectif pour les femmes enceintes est de faire connaissance avec le périnée

et les représentations qui l'entourent, mais aussi d'apprendre à respirer à travers le mouvement, d'être à l'écoute de soi.
Je suis moi-même pratiquante de pole dance depuis des années et j'ai vécu une grossesse sportive et artistique à travers une pratique adaptée et revisitée de mon sport. Danser permet parfois de faire ressortir sa sensualité selon les envies du moment : cela se répercute positivement sur la confiance en soi sexuelle. Les mouvements libres du bassin, la respiration, l'ouverture des jambes, les cambrés, la lenteur, les rythmes, les attitudes, se sentir libre de faire ce qu'on veut, sont des mouvements qui changent notre manière de percevoir notre corps et l'énergie érotique qui peut s'en dégager. Si le cœur vous en dit, faites l'essai ! Avec ou sans miroir, avec ou sans partenaire, bougez et dansez librement au moins cinq minutes par jour. Recueillez les émotions et les sensations corporelles que cela vous procure. En vous promenant dans votre corps, vous pouvez parfois sentir un bouillonnement, des zones chaudes, peut-être même de l'excitation. Partagez cela si vous en avez envie avec votre partenaire.

LES ZONES ÉROGÈNES SECONDAIRES: ÉLARGIES ET NOUVELLES

La peau

La peau subit des modifications dans son élasticité, sa texture, sa couleur…
Cette enveloppe est le lieu des caresses et du premier contact. C'est un organe sexuel que l'on néglige trop souvent et qui peut devenir plus sensible. C'est d'ailleurs pour cela qu'enceintes, les patientes peuvent voir leurs zones érogènes se déplacer: *«En temps normal, je ne suis jamais sensible d'ici, mais là, les caresses sur les poignets et sur le cuir chevelu, même sur l'arrière des cuisses, ça peut m'exciter.»* Cette sensibilité est à double tranchant: il y a des caresses qui peuvent agacer voire faire mal, mais aussi de nouvelles manières de toucher qui procurent du plaisir et du confort. Sur tout le corps, la peau peut être caressée, effleurée, massée et stimulée par la chaleur, le froid, les textures… Le chapitre «Les pratiques sexuelles réadaptées et revisitées» propose d'ailleurs des idées pour cultiver ces nouvelles zones de plaisir. Enfin, la peau peut aussi être mise à rude épreuve des vergetures. Les zones érogènes peuvent alors être impactées par cette modification visuelle si jamais les personnes en souffrent psychiquement.

L'odorat et le goût

L'odorat se développe dès les premières semaines de grossesse. Cela peut être vécu comme un handicap, étant donné que certaines odeurs donnent envie de vomir. Mais dans le second et dernier trimestre, l'érotisme olfactif est possible. Certaines de mes patientes assument davantage leur odeur naturelle enceinte qu'en temps normal. Les partenaires aussi, pour certain·es, ne peuvent plus se passer de cette odeur

naturelle. A contrario, je ris toute seule en me rappelant la phrase de ma mère, qui explique bien que l'odorat puisse être tantôt source d'excitation ou de désir, tantôt un énorme frein intime: *«Je puais tellement enceinte que c'était clairement un répulsif pour ton père et même pour moi.»* Le nez quant à lui peut parfois être bouché. C'est la congestion nasale de la femme enceinte. Certaines femmes sentent en permanence que leur nez est bouché, sans rien qui sort du mouchoir! Cela peut durer tout le long de la grossesse. Dans ce cadre, il reste la bouche pour respirer et pour développer d'autres sens.
Le goût subit également des modifications dès le premier trimestre. Le baiser langoureux avec la langue peut alors connaître des perceptions différentes, notamment l'acidité de la salive de l'autre. Parce que le goût comme les odeurs peuvent dérouter particulièrement la femme enceinte, le baiser passe parfois à la trappe de la connexion intime alors qu'il a un super pouvoir érotique. À l'inverse, certaines femmes enceintes vont saliver davantage et particulièrement apprécier ce type de baiser, l'intensifier. C'est une chance, car c'est une pratique amoureuse qui permet un sentiment d'intimité et entretient souvent le désir et la montée de l'excitation sexuelle. Oui, les baisers, que certaines patientes évitent pour ne pas *«lancer un rapport sexuel»,* sont source d'excitation lorsqu'ils ne sont pas obligatoirement suivis de pratiques sexuelles type masturbation, pénétration, etc. Ce n'est pas l'apanage de la femme enceinte, mais c'est intéressant de le rappeler. Le baiser n'est pas uniquement sur la bouche et il y a des zones à redécouvrir comme la nuque, les oreilles, les cuisses, les pieds…

Le témoignage de Flavie:

«Mon désir n'était pas spécialement fort durant mes grossesses. J'étais d'ailleurs assez déçue, car mes amies

me rabâchaient qu'elles étaient des bêtes de sexe pour les leurs. En revanche, j'aimais les baisers. Je ne sais pas vraiment pourquoi, mais mes sensations n'étaient pas les mêmes que hors grossesses. J'avais l'impression que ma bouche vibrait, que je salivais, qu'elle ne demandait que ça. Franchement, c'était ma seule zone érogène, quand j'y repense. Je passais ma vie à embrasser mon amoureux, langoureusement je veux dire, à pleine langue ! C'était très excitant pour moi et me procurait beaucoup de plaisir, que je ne retrouvais nulle part ailleurs. »

Les cheveux

Grâce aux variations hormonales, les cheveux deviennent moins secs et leur chute est ralentie. Les cheveux peuvent être considérés comme une parure, un objet érotique à part entière. Je me souviens de cette patiente, Clarisse, qui m'expliquait que sa femme lui lavait les cheveux régulièrement lorsqu'elle était enceinte : *« C'était fou, j'adorais qu'elle me papouille et je ressentais beaucoup de plaisir à ce qu'elle me les touche. J'avais une de ces crinières ! »*

L'IMAGE DU CORPS

Le corps durant la grossesse se transforme, il change d'aspect, mais pas seulement ! La perception qu'on en a est également modifiée et cela participe au renforcement ou à la fragilisation de la connexion sensuelle.
Il est normal durant cette période que l'image de soi fluctue. Camille Bataillon, sexologue et maman d'une petite fille, en parle dans son podcast « Camille parle sexe » dédié à la sexualité périnatale : *« Il peut y avoir un sentiment de perte de contrôle du corps. »* C'est un sentiment qui peut tout à fait altérer la confiance en soi de la femme enceinte.

Elles peuvent dire ne plus avoir prise sur leur corps, qu'elles ne le maîtrisent plus, ne le comprennent plus ou encore qu'il n'est plus aussi efficient et beau : « *Déformée / Impuissante / Cassée / Vidée / Déconnectée...* » C'est un vrai travail sur soi qui est entrepris, qu'on le veuille ou non, durant cette période. Finalement, la femme ne peut que « *lâcher prise* » face à ce ventre qui pousse et ce corps qui se modifie. Ce sentiment d'impuissance est au contraire parfois libérateur. Certaines se sentent particulièrement puissantes, sensuelles, connectées à ce corps qui se transforme et qui porte la vie. Globalement, la grossesse est un moment d'ambivalence dans lequel la femme enceinte est à la fois fière de son corps qui porte ce bébé, et à la fois insécure et impuissante face à ce qu'elle vit. La perception de l'image du corps de la femme enceinte ne change pas d'emblée, mais les modifications corporelles sont aussi perceptibles à travers le regard des autres. Ils jouent le rôle de miroir. Ce regard du ou de la partenaire peut être d'une grande aide, ou desservir selon les cas : « *Je sentais que mon mari me trouvait particulièrement belle, avec une aura sexuelle / Ma femme me dit tous les jours que je suis forte et sexy* », mais aussi : « *Mon mec détestait mon odeur, mes formes, je ne sais pas, je dégageais quelque chose de répulsif physiquement.* » Il est plus ou moins facile pour le coparent d'intégrer les changements du corps de sa femme. C'est une nouvelle image et les critères de séduction peuvent en être drastiquement transformés.

La fluctuation de l'image de soi entraîne des conséquences sur les mouvements du désir, via la perturbation de l'estime et de la confiance en soi sexuelle. Inversement, se rendre active dans sa sexualité en cultivant l'érotisme, la séduction et le désir pourra avoir une place essentielle dans l'acceptation des transformations physiques. Il est clair que la grossesse met au défi les couples quant à leur capacité à s'adapter à tous ces changements !

Les pratiques sexuelles réadaptées et revisitées

FAIRE FACE AUX DOULEURS

Maux de dos, constipation, douleurs ligamentaires, reflux gastro-œsophagien, nausées, vomissements, céphalées, jambes lourdes, respiration coupée, fatigue intense : la grossesse se révèle un moment difficile pour de nombreuses femmes. L'évolution physiologique du ventre peut en effet entraîner un pyrosis de la femme enceinte ou encore des douleurs dans le bas du dos ou le bas-ventre, surtout après le cinquième mois. À l'image d'une montgolfière, l'utérus est attaché de part et d'autre du bassin par des ligaments qui vont devoir s'étirer et s'adapter. En lui-même, l'utérus est constitué de deux couches musculaires, qui vont également s'allonger et se rétracter afin que le bébé puisse se mouvoir et grossir sereinement. Tout ce complexe – utérus, ligaments, bassin – a besoin d'être compliant afin que cela ne crée pas d'inconforts. Les patientes s'en rendent rapidement compte : elles se tournent assez facilement vers des thérapeutes du corps comme les ostéopathes, les kinésithérapeutes, les masseurs, car elles savent et sentent qu'elles en ont besoin pour poursuivre la grossesse avec le moins de douleurs et surtout le plus de liberté de mouvement possibles. Je ne peux que recommander le sport adapté, le mouvement, pour aider le corps à s'adapter aux contraintes physiologiques de la grossesse.
Le vécu des femmes enceintes est singulier : il y a clairement des inégalités, cela peut entraîner un sentiment d'injustice. Pourquoi vit-elle une grossesse idyllique sans problème et pas moi ? Pourquoi est-ce que je vis aussi mal ma grossesse alors que tout le monde me dit que je rayonne et que ma santé et celle de mon bébé sont excellentes ? Comment est-ce possible

que je déteste autant ma seconde grossesse alors que j'ai adoré la première ?
Les maux peuvent parfois interférer également dans la vie érotique et intime. Comment vivre pleinement sa sexualité lorsque le corps souffre ?

Le témoignage de Mylène :
« Lorsque ma grossesse a démarré, j'ai immédiatement été prise de vomissements. Ils étaient intempestifs. Je me sentais molle, en permanence fatiguée. À cause de cela, j'avais également des maux de dos tellement cela demandait à mon corps de se crisper. J'allais tout le temps chez l'ostéopathe, ça me soulageait sur le coup puis ça revenait. Mes douleurs avaient vraiment un retentissement sur ma vie de couple. Je n'avais pas envie, mais alors vraiment rien. Je me laissais complètement aller, même physiquement je ne faisais plus aucun effort. Mon compagnon ne m'en a pas voulu sur le coup, voyant bien que c'était impossible pour moi, mais avec du recul je pense que ça a été le début de la descente aux enfers de notre vie sexuelle. J'ai des copines qui ont vécu pareil que moi, des vomissements et des douleurs, mais elles ont réussi à garder une vie sexuelle. Ça me fait culpabiliser, quand j'y repense, et en même temps je me dis que je ne pouvais pas faire autrement. »

Le témoignage de Mylène le corrobore : les douleurs sont un frein pour certaines dans leur vie intime, que ce soit pour aller à la recherche d'un moment sexuel seule comme à plusieurs. Mais pour une majorité de personnes que je reçois, l'adaptation autour de ces inconforts – tant dans les positions sexuelles que dans les pratiques – est largement accessible.

LES POSITIONS ET LES PRATIQUES SEXUELLES

Peu d'études sur les positions sexuelles à adopter pendant la période de la grossesse sont réalisées aujourd'hui, alors même que les personnes sont en demande d'être informées à ce sujet. Je repense à ce patient qui me demandait comment il pouvait faire pour « *s'assurer de ne pas appuyer sur le ventre* » de sa femme tout en gardant les positions qu'il affectionnait ; ou encore à celle qui me demande de lui montrer comment placer son coussin d'allaitement pendant qu'elle fait l'amour ; celle qui me dit ne plus avoir accès à son corps « *je peux plus voir mon sexe, j'ai un trop gros ventre pour le toucher, j'ai mal aux seins et je déteste qu'on me touche le ventre, alors c'est quoi, Margot, la position magique pour jouir enceinte ?* »
Enceinte, le corps s'adapte, les positions et pratiques sexuelles aussi. Ces positions amoureuses doivent prendre en considération la forme physique, la souplesse, et la configuration anatomique des partenaires. Les pratiques sexuelles nouvelles doivent respecter les envies et les limites de chacun·e.

Les positions

Une revue systématique – comprendre : une étude scientifique qui synthétise les connaissances actuelles et identifie les savoirs les plus robustes – a permis de mettre en évidence que 44,8 % des femmes enceintes décrivent un changement de positions sexuelles lors du second trimestre[1]. Les positions face à face type missionnaire sont moins fréquentes et modifiées pour ne pas appuyer sur le ventre ; les positions postérieures comme la levrette et face à face type Andromaque sont davantage

1. E. Thomas, C. Baumann, L. Galliot, « Sexualité pendant la grossesse. Revue systématique », dans *La Revue sage-femme*, volume 18, issue 6, Elsevier, décembre 2019.

pratiquées tout le long de la grossesse. On imagine que cela est dû à l'augmentation du volume du ventre. En effet, selon la même source, 63 % des positions sexuelles deviennent inconfortables en fin de grossesse et la position favorite est en cuillère.
En tant qu'ostéopathe, il peut m'arriver de conseiller certaines positions sexuelles plus que d'autres en fonction des douleurs de ma patiente. Mais pour une majorité d'entre elles, il suffit de les rassurer sur leur capacité à être expertes de leurs ressentis corporels. Il y a quelque chose de l'ordre de la réappropriation corporelle durant la grossesse : enceintes, elles peuvent ressentir ce sentiment d'unité corporelle. Certaines peuvent me décrire la sensation « de réellement habiter leurs corps » durant la grossesse, comme si le bébé les connectait. Ces femmes peuvent alors se mettre en action pour investir leur corps et en faire un objet de leurs désirs.

Une position pour améliorer mon image corporelle : l'amazone.

L'amazone est une position sexuelle qui permet de *« mettre à l'épreuve »* l'image corporelle de la femme enceinte. Autrement appelée « Andromaque », c'est une sorte de missionnaire inversé. Le/la partenaire est allongé·e. La femme enceinte est sur lui/elle, à califourchon sur son bassin ou bien sur sa cuisse. Elle peut se frotter, bouger son bassin à sa guise et contrôler la pénétration s'il y a. C'est elle qui va pouvoir gérer la profondeur de la pénétration. Le/la partenaire peut se relever sur ses coudes pour l'embrasser, la caresser, sur tout son corps. Le petit plus de cette position concerne l'image du corps : le regard du·de la partenaire sur soi peut être vécu de manière très intense et positivement. Il·elle peut parler, lui dire à quel point elle est belle, les parties de son corps qui l'excitent, la mettre dans une semi-pénombre pour jouer avec les lumières.

Il y a plein de possibilités ! Le ou la partenaire peut aussi avoir les yeux bandés. Cela peut être un outil intéressant pour se soustraire au regard d'autrui si celui-ci est vécu comme pesant, notamment dans le contexte d'un corps qui change durant la grossesse. Lorsque se regarder est possible et ne rend pas anxieuse : se mettre face au miroir, le ou la partenaire étant de dos ou de trois quarts, et prendre le temps d'observer les courbes, les reliefs, la beauté du moment…

Une position avec ou sans pénétration : la levrette revisitée.

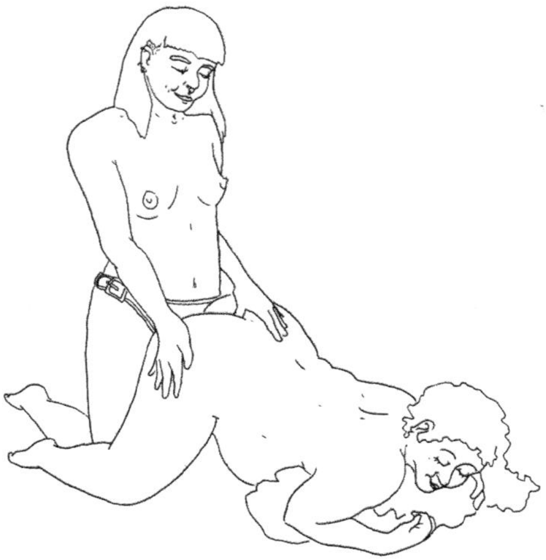

La levrette revisitée (ou pas) est une position intéressante afin de pratiquer, ou non, la pénétration. La femme enceinte se place à quatre pattes, elle peut mettre un coussin en dessous de sa poitrine pour s'appuyer dessus et ne pas être en gainage sur les bras. Ici, libre à vous selon votre envie et la capacité de chacun et chacune, de la pratiquer avec une pénétration ou sans. Cette position permet en parallèle d'une pénétration lente et profonde de caresser la nuque, le dos, les fesses, l'anus, la tête du clitoris... Revisitée, c'est-à-dire sans pénétration vaginale, le partenaire peut placer son pénis entre les cuisses et/ou les fesses de sa partenaire, et réaliser des allées et venues entre elles. Les frottements peuvent toujours s'accompagner de caresses sur les fesses et le dos de la partenaire. Pour cette position, il ne faut pas hésiter à lubrifier abondamment les parties intimes de chacun ainsi que les cuisses, et/ou de commencer par un massage avec une huile grasse qui permet d'avoir des corps hydratés et glissants.

Une position en cas de reflux : l'andromaque inversée.

S'il y a un reflux gastro-œsophagien et une respiration coupée, il faut privilégier les positions sexuelles verticales où la femme enceinte n'a pas besoin de s'allonger, car l'horizontalité peut entraîner des remontées acides. Aussi, les positions où le thorax est en pleine ouverture sont intéressantes et parfois plus confortables, comme le montre l'illustration.

Une position en cas de sciatique : le losange de l'amour.

S'il y a des douleurs de sciatique, je recommande les positions latérales, où le fessier douloureux (qui loge le nerf sciatique en question) peut à la fois s'activer et se reposer par intermittence, en demi-losange. Dans cette position latérale, la jambe du dessus peut reposer sur les jambes du ou de la partenaire ou encore sur un coussin d'allaitement placé entre les genoux de la femme enceinte. Contrairement aux idées reçues, les muscles fessiers doivent plutôt être renforcés et stimulés que massés et étirés lors de douleurs de sciatique. Ces muscles viennent protéger le nerf en se contractant autour, comme un bouclier. C'est en partie pour cela que les positions sexuelles latérales qui font intervenir spécifiquement les fessiers sont, selon moi, plus efficaces pour moduler le ressenti douloureux.

En cas de mal au dos : du mouvement éternellement.

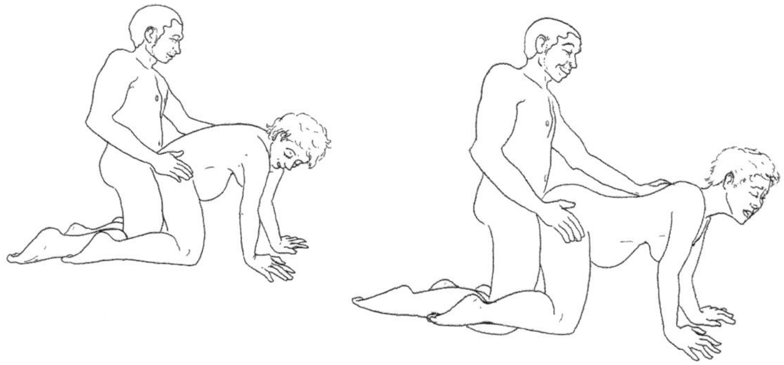

S'il y a des maux de dos, privilégiez les positions où la zone douloureuse de la colonne vertébrale pourra être libre de tout mouvement. L'important, c'est de pouvoir bouger librement la zone en question ! La levrette revisitée pour les douleurs lombaires peut être, contrairement à ce qu'on pense, pertinente à condition que les mouvements ne soient pas des va-et-vient du partenaire, mais une pénétration induite par la femme sur le sexe ou l'objet pénétrant. Le bassin de la femme enceinte peut alors faire des mouvements d'antéversion et de rétroversion, voire des mouvements circulaires, qui seront favorables dans le cas d'une lombalgie.

Une position en cas de douleurs dites « ligamentaires » au pubis : *Oh, my Ohnut*.

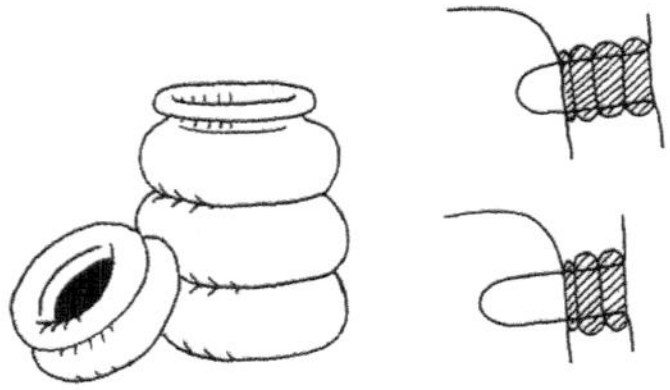

C'est parfois la pénétration profonde du pénis ou de l'objet pénétrant qui pose un problème en venant percuter le col utérin qui peut être sensible, et étirer fortement les ligaments utérosacrés[1]. Pour cela, les pénétrations peu profondes seront parfois plus confortables. À ce titre, l'utilisation d'un Ohnut est pratique afin de limiter la profondeur de la pénétration et, de fait, moins se focaliser sur l'aspect technique des positions qui demandent de la profondeur. C'est un petit objet doux, souple, en forme de bague que l'on place sur la base du pénis ou de l'objet pénétrant afin de diminuer sa longueur. Cet anneau de confort a été créé pour ça : une sorte d'amortisseur afin que l'objet pénétrant n'aille pas percuter le fond du vagin ! Je fais découvrir ce jouet à un grand nombre de mes patientes enceintes, celles qui peuvent avoir des inconforts au fond du vagin, mais aussi celles qui décrivent des saignements bénins[2] après un rapport sexuel avec pénétration vaginale. Le col utérin étant particulièrement vascularisé enceinte, couplé au volume sanguin augmenté, l'objet pénétrant en frottant ou percutant le col peut le faire se desquamer et légèrement saigner. L'Ohnut peut tout à fait limiter voire empêcher ce type de saignement.

1. Les ligaments utérosacrés sont les moyens de fixité postérieurs de l'utérus, ils vont du torus utérin au sacrum.
2. Sous contrôle de la sage-femme ou gynécologue : si vous avez des saignements, consultez toujours votre professionnel de santé référent.

L'Ohnut permet aussi bien à la femme enceinte de se sentir détendue et non focalisée sur la profondeur de la pénétration qui peut faire mal ou rendre anxieuse, mais aussi au partenaire de se sentir serein dans ses mouvements de bassin et son élan passionnel.

Coupe sagittale

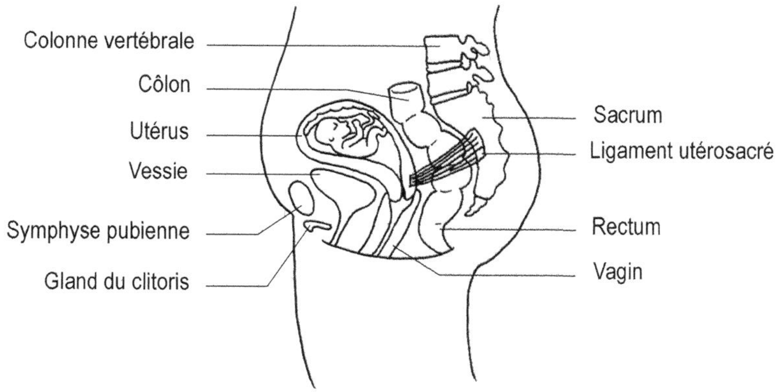

Vue de 3/4

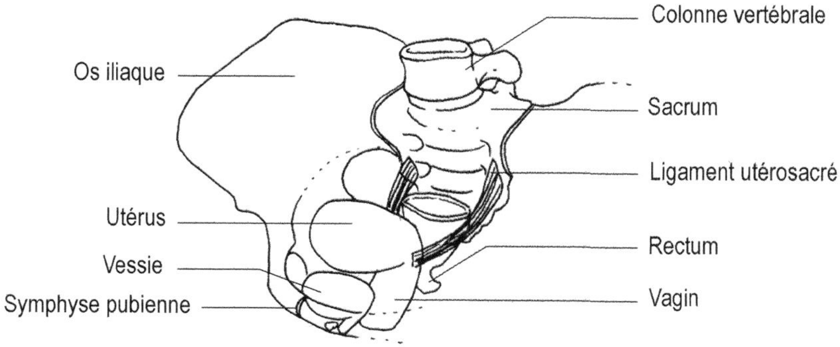

Les ligaments utérosacrés (coupe sagittale et vue du haut)

Le cas d'Anne-Lise :

Cette patiente se présente au cabinet enceinte de 6 mois et décrit des inconforts lors de la pénétration vaginale profonde. Pourtant, elle en a très envie et cela lui procure en temps normal de bonnes sensations. Son partenaire Fabrice ne veut surtout pas lui faire mal et s'inquiète. Il n'ose plus vraiment se laisser aller pendant l'acte. Je propose à Anne-Lise de découvrir et utiliser l'Ohnut. Elle est d'abord dubitative. Elle se demande si son partenaire va accepter de mettre ça autour de son sexe et si ça ne va pas lui modifier ses sensations. Je rassure ma patiente en lui expliquant qu'au contraire, cela peut entraîner des sensations voluptueuses à Fabrice en augmentant l'effet « garrot ». Son partenaire est partant et curieux. Anne-Lise revient en séance quelques semaines plus tard et le verdict tombe : *« C'est incroyable cet amortisseur à bite ! Mon mari est beaucoup plus détendu et moi je n'ai plus mal ! »*

Aussi, certaines positions peuvent venir soulager momentanément la femme enceinte comme celles où le ou la partenaire se place derrière elle, encercle et « allège » le bas-ventre, surtout en fin de grossesse. Ici, une sexualité non pénétrante est intéressante, car la femme enceinte peut voir ses douleurs ligamentaires augmentées pendant ou après la pénétration vaginale.

Les pratiques

Les plus grandes modifications sexuelles se font au niveau des pratiques oro-génitales – mettant en contact la bouche d'un partenaire et les organes génitaux de l'autre – qui semblent s'intensifier. On recense un plus grand taux de fellations par exemple. Ce taux serait par ailleurs plus haut que celui du cunnilingus. Ces résultats m'interrogent sur les inégalités d'accès au plaisir sexuel, qui sont présentes au sein de certains couples hétérosexuels et qui semblent persister durant la grossesse si l'on se réfère aux modifications des pratiques oro-génitales. Il est dommage dans ces études de ne pas comprendre pour quelles raisons ces modifications sexuelles ont véritablement lieu. Peut-être qu'il y a davantage de pratiques oro-génitales afin de contourner la pratique de la pénétration ? Pour compenser quelque chose ? Une personne enceinte souffrant d'un reflux aura peut-être plus de facilité à se tourner vers la pénétration plutôt que vers la fellation par exemple : *« C'est quand même plus sympa une bonne pénétration plutôt qu'un truc dans ma gorge qui me donne la nausée »,* m'a dit un jour Claudia, une patiente engagée dans les combats féministes.

Il y a également une augmentation des moments masturbatoires pour les femmes enceintes tandis que le temps consacré à cette activité reste stable chez les partenaires. La tendresse[1] reste a priori constante tout le long de la grossesse. Mais l'érotisme peut s'éroder : il y a des solutions, que je vous propose ici.

Un câlin nu n'est pas à sous-estimer pour mettre en place et cultiver le lien érotique. Le câlin peut déclencher une avalanche d'ocytocine, la fameuse hormone du bonheur. Cela permet aussi de renforcer l'attachement, la confiance et de ressentir de la sérénité. Le câlin nu permet à la fois cet état de bien-être, mais aussi de saupoudrer d'érotisme un moment à deux.

---

1. Qui se définit par un sentiment tendre d'amitié, d'affection et d'amour se manifestant par des paroles, des gestes et des attentions.

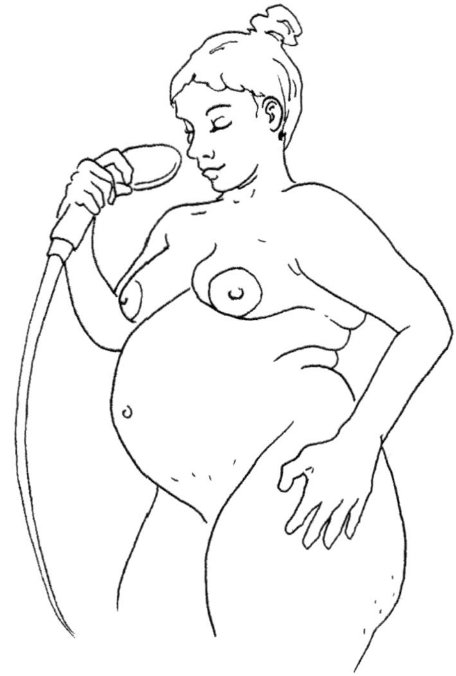

La douche sacrée

La « douche sacrée », aussi appelée « Queen Shower » par la sexologue Camille Bataillon, peut se pratiquer aussi bien seule qu'à deux. L'idée est de passer un moment sensoriel agréable, en se focalisant sur les ressentis corporels : comment l'eau glisse sur ma peau, comment je sens la peau de mon ou ma partenaire, etc. C'est le moment d'honorer votre corps et vos sensations, votre sensualité. Il n'est pas étonnant que ce soit un exercice phare proposé par cette sexologue, car cela permet encore une fois de cultiver l'intimité.

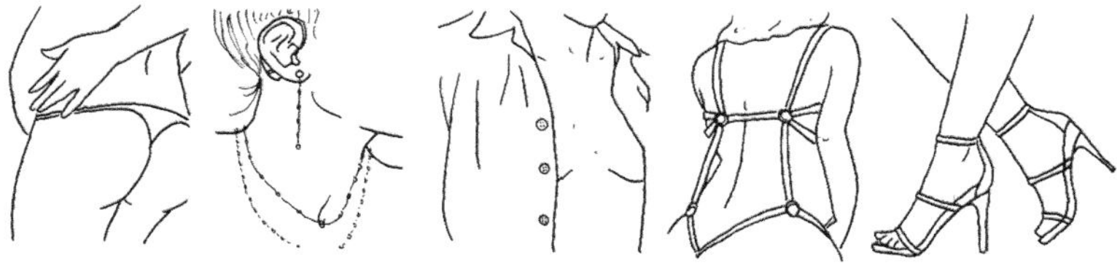

Les objets érotiques

Un chapeau, un collier de corps/harnais, une jolie culotte/caleçon, une chemise ouverte, du maquillage… L'habillement peut également amener une touche d'érotisme dans la vie intime. Durant la grossesse, c'est possible ! Pour la femme enceinte, malgré les changements corporels et psychiques, elle peut s'amuser avec ses nouvelles formes : « *Moi je ne voulais pas me laisser aller, j'ai continué à aller chez le coiffeur et me maquiller tous les jours même quand je ne bossais plus / J'ai envie de trouver des habits dans lesquels je me sens bien et qui mettent en avant mon ventre / Le legging et les soutifs de grossesse, non merci, je ne trouve pas ça sexy.* » Pour les partenaires, l'idée est la même. Dans les couples hétérosexuels, je trouve que l'on érotise davantage le corps de la femme que celui de l'homme. C'est bien dommage, mais heureusement il y a toujours des solutions. Je me souviens de ce couple – Sonia et Jeremy – qui avait une peur bleue de ne plus se sentir désirables/sexy en devenant parents. L'habillement ne leur parlait pas spécialement. En revanche, ils avaient décidé de redécorer leur chambre. Pour cela, je conseille toujours la série Netflix *Architecte du désir*[1] que je trouve épatante pour remettre une touche d'érotisme dans la chambre à coucher. Des « experts » viennent chez les personnes désireuses de transformer leur chambre ou une pièce de leur maison afin d'optimiser ou de créer une

1. Le 8 juillet 2022 est sortie sur Netflix cette série américaine dont l'architecte est Melanie Rose.

ambiance érotique propice aux fantasmes et à la sexualité. L'épisode 61 du podcast « Camille parle sexe[1] » au sujet du potentiel érotique de la chambre à coucher est également à écouter pour définitivement convaincre les couples de se lancer.
Une grande majorité de mes patientes investissent de fait une sexualité sans pénétration, notamment masturbatoire : *« J'avais tout le temps envie et pas forcément avec mon partenaire / J'avais juste envie de ça, mais pas plus, alors on se masturbait mutuellement. »*

Ne jamais sous-estimer le pouvoir des caresses

Le « sensate focus » est un exercice de massages réciproques et graduels afin d'accéder d'une nouvelle manière à la lecture du corps de l'autre, aux émotions du ou de la partenaire et à la reconnexion. Il est connu depuis bien longtemps en sexologie et déjà cité par William Masters et Virginia Johnson dans les années 1980. Modernisé aujourd'hui par un grand nombre de sexologues, il permet au couple de développer sa créativité, sa sensorialité et ses capacités érotiques au-delà de la pénétration. La concentration sensorielle que cela demande permet de travailler à rester dans l'instant présent, même si la distraction cognitive est normale.
Au sein du sensate, il y a un donneur et un receveur et ce binôme s'inverse au cours de l'exercice. Ce moment guidé ne doit pas forcément aboutir à un rapport sexuel. Le donneur propose des stimulations corporelles et sensorielles au receveur, en pensant à ce que l'autre aimerait recevoir. Vous intervertissez les rôles ensuite, avec les mêmes règles. Il est important de choisir l'environnement qui vous semble le plus propice à la

1. Podcast réalisé par Camille Bataillon, sexologue, conférencière et autrice.

relaxation et à l'érotisme : le lit ou un autre endroit, la nudité ou les habits, de la musique pour instaurer une ambiance spécifique ou un podcast érotique en fond sonore, la lumière tamisée ou la nuit noire, la texture des draps, l'utilisation d'huile ou de petits objets érotiques…

L'objectif est de faire plaisir et de prendre du plaisir, de renforcer l'intimité : les inconforts physiques et émotionnels doivent être verbalisés et entendus, que ce soit sur le moment ou après l'épreuve sensorielle[1]. Personnellement, je demande à mes patient·es d'éviter de trop s'exprimer durant l'exercice, car cela peut être désérotisant : *« Je dois lui dire quoi faire en somme, je ne me détends pas / Si je dois la guider, alors j'ai l'impression de faire le maître d'école / Elle ne fait que parler et ça me déconcentre. »* Dans le cadre d'une sexothérapie, je reviens en séance sur chaque étape du *sensate* vécu par les patient·es et nous travaillons plus précisément sur leurs ressentis émotionnels et ce que cela leur fait de réaliser ces massages érotiques réciproques. Dans le cadre spécifique de la grossesse, c'est un exercice qu'affectionnent les couples étant donné qu'il nourrit l'intimité tout en s'adaptant aux possibles bouleversements physiques et émotionnels du binôme. Nous l'avons vu plus tôt, les zones érogènes de la femme enceinte peuvent être modifiées et cette épreuve sensorielle permet de découvrir à deux la nouvelle « map » érotique de la femme. Vous trouverez plus loin un autre moyen de « débriefer » à travers un tableau bilan en fin d'exercice.

---

1. Pour celles et ceux qui voudraient revoir le principe de consentement dans le couple, vous pouvez aller voir celle créée par le Docteur Betty Martin : « La roue du consentement », dont j'indique les références en bibliographie.

LES ÉPREUVES SENSORIELLES DU *SENSATE*

Palier 1

Palier 2

Palier 3

Palier 4

Palier 1 : sensorialité et confort d'abord.

Nous nous concentrons sur les sensations non sexuelles et sur les cinq sens. C'est un palier où la tendresse et la sensualité pourront s'entremêler. Masser, presser, glisser, effleurer toutes les parties du corps sauf les zones génitales. Faites attention au ventre de la femme enceinte si elle est réticente, mais aussi aux zones qui sont « défensives » : chatouilles, douleurs et autres inconforts. Contournez-les au départ. Vous pouvez placer un oreiller ou un coussin d'allaitement entre ses cuisses ou sous son dos si c'est plus confortable. L'objectif n'est pas forcément d'accéder à une excitation sexuelle, mais de ressentir et profiter d'un moment de détente. Essayez de rester un maximum dans le silence afin de laisser l'autre se concentrer et ne pas tomber dans un massage guidé oralement. Le débrief sera fait après. Pour certain·es, il se peut que l'excitation physique et / ou émotionnelle monte déjà à ce stade. Accueillez et laissez-vous porter par vos sensations. L'exercice est à reproduire plusieurs fois.

Palier 2 : le plaisir sans la pression de performance ensuite.

Le binôme va mettre plus d'intention érotique dans ce qu'il fait. Dans le palier 2, les zones génitales sont intégrées au massage. Elles peuvent être stimulées longuement, par allers et retours pour que cela ne soit pas agaçant ni douloureux, sans forcément en venir à de la masturbation. Ce qui nous intéresse est de découvrir des sensations sensuelles et érotiques, et non la pratique de la sexualité en tant que telle. Variez les plaisirs, les gestes, le rythme, jouez avec votre souffle, de la chaleur ou du froid… Laissez libre cours à la créativité. Quoi qu'il en soit, le receveur ne doit pas craindre d'être pénétré, jamais. L'excitation sexuelle peut monter, vous pouvez utiliser votre imaginaire érotique et laisser votre esprit vagabonder.

Palier 3 : du sexe sans pénétration, encore !

Toutes les zones du corps sont érotisées avec la possibilité de masturbation, avec les mains, la langue, les objets et en cherchant le plaisir. Le donneur offre sur un plateau au receveur tout ce qu'il pense pouvoir suggérer pour faire monter l'excitation et la satisfaction sexuelle. La pénétration est toujours interdite.

Palier 4 : le slow sexe avec pénétration, si l'envie est là !

Tous les paliers sont effectués avec l'ajout des pénétrations si c'est souhaité.

Si la pénétration est digitale, faites attention à la propreté de vos mains et de vos ongles. De la même manière si la pénétration est réalisée avec un objet, il faut qu'il soit adapté et propre. Enceinte, il faut particulièrement faire attention aux risques d'infections. Les caresses ou la pénétration anale, si elles précèdent celle vaginale, doit demander une attention particulière pour ne pas ramener des germes et prendre le risque de provoquer des mycoses. Enfin, nous l'avons vu plus haut, la pratique de la pénétration vaginale lors de la grossesse demande à jouer avec la profondeur. Il est dommage de passer à côté de cette pratique si elle est source de plaisir à cause d'un col trop sensible malmené par une pénétration trop profonde.

Vous pouvez vous mettre dans une position sexuelle avec pénétration en étant totalement statiques : la respiration et l'écoute sont vos alliées, mais aussi vos périnées qui se contractent et se décontractent. Vous pouvez mettre des intentions particulières dans le corps à corps, en faisant attention à l'autre et à soi : « *Je voudrais qu'elle se sente dans un cocon, je vais l'englober, m'enrouler autour d'elle / Je voudrais qu'il se sente désiré, je vais le regarder intensément dans les yeux en lui déclarant tout mon amour et le bien-être que je ressens / Je veux mettre du rythme, je veux jouer avec mon périnée, je veux le retenir en moi.* »

Épreuve sensorielle	**J'ai aimé**	**J'ai moins aimé**
Prévoir un temps à deux		
Sortir de la pression vis-à-vis de la pénétration		
Utiliser les 5 sens dans ma vie intime		
Donner (du plaisir, des caresses)		
Recevoir (du plaisir, des caresses)		
Ressentir des émotions fortes		
Ressentir sur tout mon corps et pas que sur mon sexe		

Après plusieurs moments de jeux intimes sensoriels, vous saurez définir la nouvelle « map érotique » : la vôtre et celle de l'autre.

Des émotions contradictoires

LA NOTION DE TRANSPARENCE PSYCHIQUE

La vulnérabilité de la femme enceinte se traduit également par l'abaissement des barrières psychiques qui n'assurent plus leurs fonctions de protection : ce que les auteurs – majoritairement psychologues – appellent la « transparence psychique de la femme enceinte ». Autrement dit, elles perçoivent des choses qui jusqu'alors leur étaient égales. Elles peuvent réagir de manière inappropriée à de petits évènements du quotidien. Je pense à cette patiente qui m'expliquait pleurer à la moindre remarque de son partenaire sur des sujets auparavant considérés comme futiles : « *Je ne vais quand même pas m'émouvoir à chaque fois qu'il me dit que le lave-vaisselle est mal rangé !* »
Cette hypersensibilité peut exister chez le coparent, dans une moindre proportion, et se traduit par d'autres phénomènes : irritabilité, mise à distance ou à l'inverse euphorie et protection. Le coparent peut avoir des difficultés à prendre conscience de cette fragilité émotionnelle : « *Je me suis vu manger tout et n'importe quoi, et me sentir très agacé par ma femme, mais j'étais dans le déni / C'est plus subtil chez moi, je me sentais à la fois hyper protecteur et stressé pour tout.* »
Dès les premières semaines de la grossesse, cette *transparence psychique* est facilement repérable sous la forme d'un déséquilibre émotionnel inhabituel pour la femme. Un état relationnel particulier marqué par une sorte d'appel à l'aide, d'une ambivalence des émotions et sentiments. Les femmes établissent parfois une corrélation entre la situation de gestation et les réminiscences de leur passé : réveil de trauma, comportements agressifs… La réactivation du passé peut être envahissante : des souvenirs anciens et des fantasmes jusque-là oubliés reviennent en mémoire, sans être barrés par la censure. D'autres fois, le passé revient sous la

forme d'un affect douloureux, d'une tristesse irraisonnée. La plupart peuvent vivre en outre un certain «*retrait du monde extérieur*»[1] : l'activité professionnelle, même fortement investie, est en perte de vitesse ainsi que les relations affectives, même récentes, malgré l'intensité des sentiments pour l'autre. Ce n'est pas forcément un retrait négatif: certaines en ont besoin pour se créer un espace préservé entre elles et leurs bébés. «*La grossesse inaugure donc l'expérience d'une rencontre intime avec soi-même: la capacité d'érotiser une partie encore interne à soi est en question*» explique Monique Bydlowski, psychiatre spécialisée. L'anxiété peut être encore plus forte si la femme enceinte a auparavant vécu un arrêt spontané de grossesse, une complication obstétricale, ou une suspicion d'anomalie au dépistage échographique. Encore une fois, et nous le reverrons dans le chapitre des «grossesses spécifiques», cela peut nécessiter un accompagnement plus adapté pour ces vécus-là. Il peut y avoir une confusion entre une hyperréactivité liée à ces remontées psychiques et les variations d'humeur attribuées au bouleversement hormonal. Cela pose la question de l'écoute donnée à ces vécus psychiques. Il ne faut pas hésiter à consulter un psychologue spécialisé en périnatalité pour démêler tout cela et se sentir mieux.
Les maux physiques entremêlés aux maux émotionnels peuvent modifier l'expression de la sexualité: les sentiments d'ambivalence peuvent générer de la culpabilité et avoir des conséquences sur la communication dans le binôme. Aussi, tous ces changements physiques et émotionnels peuvent générer parfois un vécu négatif vis-à-vis de l'apparence physique, le sentiment de désirabilité et la libido, parfois même sa confiance en soi sexuelle. Les professionnels du domaine en ont bien

1. Monique Bydlowski, «Le regard intérieur de la femme enceinte, transparence psychique et représentation de l'objet interne», *Devenir*, volume 13, 2001.

conscience et guident la femme enceinte en la rassurant et en lui proposant si nécessaire une prise en charge aussi bien physique que psychique. C'est mon cas lorsque je propose des séances de thérapie manuelle qui s'entremêlent aux séances dédiées à la parole. L'idée est de permettre à la patiente de verbaliser les changements intimes qui la déstabilisent, mais aussi d'être accompagnée corporellement pour faire le lien entre ce qu'elle vit, ce qu'elle dit, ce qu'elle ressent dans son corps. Il peut en être de même pour les coparents : donner de la place à leurs émotions n'est pas toujours chose aisée étant donné le sentiment d'illégitimité et d'impuissance qu'ils peuvent ressentir face aux réels bouleversements multidimensionnels de la femme enceinte.

La situation de Gabriel :
Gabriel est un homme d'une quarantaine d'années qui s'apprête à devenir papa. Je le reçois, car il souffre d'une douleur au dos inhabituelle, qui perdure depuis plusieurs mois. Lors de nos échanges, il m'explique que la grossesse de sa femme le bouleverse émotionnellement. Selon lui, c'est en grande partie ce qui explique son mal de dos récent : le stress. Sa femme Rosalie vit une grossesse complexe, avec une suspicion de trisomie en début de grossesse et des vomissements intenses. Il ressent énormément de souffrance face aux inconforts physiques de sa femme et a vu sa libido faire une chute libre : « *J'aimerais pouvoir la soulager ne serait-ce même qu'une journée, j'aimerais porter l'enfant et qu'elle n'ait pas à vivre tout cela. Franchement je n'ai plus du tout envie de sexe, mais je n'ose pas le lui dire de peur de la vexer. Ça vient de moi le problème !* »

GESTION DES ÉMOTIONS SEXUELLES

La sexualité est bien une expérience complexe qui peut susciter toute une palette d'émotions pour celles et ceux qui la vivent. La liste est longue et non exhaustive : joie, culpabilité, frustration, fierté, amour, harmonie, tristesse, impuissance, colère, peur, etc.

La palette des émotions sexuelles

Les émotions issues de la période de la grossesse peuvent surprendre pour plusieurs raisons : elles peuvent être intenses et envahissantes, mais surtout, elles peuvent être nouvelles. Cet effet de surprise joue, de manière indépendante du contenu émotionnel, un rôle majeur sur la sexualité. Certaines personnes ne s'y attendent pas et n'ont jamais été traversées « comme ça » par ces émotions. Elles peuvent se sentir impuissantes face aux déferlements émotionnels vécus dans la vie intime et sexuelle.
Je vous encourage à créer vous-même votre propre palette des émotions et la partager avec votre partenaire. C'est une manière ludique de comprendre mutuellement ce qui se passe en l'autre et en soi.

La culpabilité

Le sentiment de culpabilité, la peur de ne pas être performante sexuellement durant cette période, la honte vis-à-vis de son propre corps en changement, la peur d'avoir mal, sont autant d'émotions qui peuvent s'ajouter à l'inconfort physique et gêner les échanges sexuels, érotiques et affectifs satisfaisants. Je pense à cette patiente, me partageant en séance son ressenti face aux attentes de son mari : *« Déjà que j'aime moins mon corps dans la glace, mais en plus il me fait mal… Je n'ai aucune envie de faire l'amour et je n'en suis pas capable, mais je sens que mon compagnon est frustré de ces changements et ça me rend coupable. »*

L'impuissance

Sur l'autre versant, pour le ou la partenaire, le sentiment d'impuissance face aux difficultés vécues par la femme gestante, la peur de faire mal au bébé, la frustration ou les peurs liées aux modifications de la vie intime sont des émotions qui peuvent être présentes. Les partenaires sont souvent mis de côté, que ce soit parce qu'ils ne vivent pas eux-mêmes les transformations physiques, ou parce que l'enjeu familial se concentre désormais autour du couple mère/enfant.

La peur

Si l'on interroge les partenaires sur leur vécu concernant la sphère intime, ils parlent fréquemment d'inquiétudes : *« J'ai peur de faire mal au bébé / J'ai peur de faire mal à ma femme »*, mais aussi *« J'ai peur que notre vie sexuelle change pour toujours / J'ai peur qu'elle n'ait plus envie de moi. »*

La joie

Il ne s'agit pas de présenter seulement une vision pessimiste des ressentis émotionnels dans le cocon intime : il y a aussi des moments de joie, un sentiment de connexion avec son ou sa partenaire et avec son bébé, des moments de sérénité et de plénitude après un moment intime. Il y a des personnes pour qui le bouleversement émotionnel vécu durant cette période rend la sexualité encore plus puissante et satisfaisante : *« Nous n'avons aucun problème, au contraire, je n'ai jamais vécu ça précédemment / Sentir mon partenaire vulnérable m'a fait énormément de bien, bizarrement, je l'ai trouvé plus humain et plus tendre et le sexe est meilleur / Voir ma femme enceinte me bouleverse, il y a une nouvelle dimension à nos ébats. »*

Le repérage systématique des émotions

Lors de mes entretiens avec les futurs parents, j'aime leur rappeler en quoi consistent les bouleversements émotionnels liés à la parentalité afin d'y donner plus de légitimité. Un temps de prévention sur les modifications émotionnelles ressenties, en particulier dans l'intimité, s'avère souvent nécessaire. Écouter ses émotions, comment vivre avec, sont des *savoir-faire* qui paraissent parfois abstraits ou galvaudés : le fameux « écoutez-vous ». Pour ça, il m'arrive d'expliciter l'un des processus possibles permettant l'identification des émotions et son plein vécu dans la sexualité et en dehors. D'abord l'accueil en pleine conscience. C'est prendre un temps, une pause, pour se concentrer sur soi et sur ce qu'on ressent vraiment. Ce temps, nous avons souvent le sentiment d'en manquer dans notre quotidien. Pour certain·es, cela demande un réel effort et peut-être qu'il y a des moments plus adaptés que d'autres : aller faire une balade seul·e, ne pas se mettre de pression, y penser dans un environnement serein. Mon formateur en communication non violente nous disait pour cela : « *Pour identifier ton émotion, il faut que tu te demandes ce que tu ressens dans ton cœur, pas dans ta tête ou dans ton corps.* » Les patient·es en consultation trouvent habituellement cette image parlante. Une fois les émotions identifiées, il y a une phase de verbalisation : maintenant que j'ai pris le temps de repérer mes émotions, je vais les exprimer verbalement, pour moi et pour l'autre. Cette étape de formulation est importante, car elle fait beaucoup de bien à extérioriser, et si elle peut être difficile à l'oral, la formulation à l'écrit fonctionne aussi.

Même lors de séances en thérapie manuelle, j'ai tendance à proposer ce temps éducatif.

Je ne peux que recommander de s'exercer à cela et de mettre ces émotions au service de la vie érotique et intime. Les émotions sont précisément, dans la vie sexuelle, intriquées avec la perception des sensations corporelles intimes. Autrement dit, les émotions « amies » comme « ennemies » peuvent moduler la perception des messages sensoriels et sensitifs[1]. Je vous propose quelques exemples concrets d'émotions associées à une pratique érotique, que vous pourrez enrichir et modifier à votre guise, dans le tableau qui suit :

---

1. Georges Abraham, Dejan Vlatkovic, « La sexualité au croisement des émotions et des sensations », dans *Revue médicale suisse*, n° 378, 20 mars 2013.

Émotions ressenties	Pratiques sexuelles proposées
Je suis inquièt·e	Cuillère réconfortante
J'ai peur de la pénétration	Levrette revisitée sans pénétration
Je suis joyeuse·eux	Faire quelque chose de nouveau
Je suis contrarié·e	Massage érotique et sensuel
Je suis triste	Un câlin nu
Je suis dégoûté·e	Slow sexe pleine conscience
Je suis intimidé·e	Sexe sans les yeux (bandez-les!)

La sexualité propre aux grossesses spécifiques

Bien qu'il ne s'agisse pas ici d'un ouvrage qui traite des maternités spécifiques, ce sous-chapitre se veut une fenêtre de réflexions ouvertes sur la singularité des sexualités concernant les grossesses dites spécifiques. Ces réflexions sont étayées de témoignages de patientes et de professionnelles du domaine.

LA GROSSESSE PAR PROCRÉATION MÉDICALEMENT ASSISTÉE

« *Le parcours PMA, c'est le parcours du combattant.* » J'ai entendu cette phrase tant de fois au cabinet. Pour de multiples raisons, cela peut être à l'origine d'un appauvrissement de la sexualité. Pour la moitié des couples dans cette situation, on peut observer une perte de la qualité des moments intimes, un émoussement du plaisir et du désir entraînant inévitablement une baisse de la fréquence des rapports sexuels. Ces derniers se concentrent autour de la période d'ovulation et deviennent facilement inutiles en dehors. Cette sexualité « sur commande » peut éroder le désir dans le couple : « *Ça manque de spontanéité / Je n'en ai pas vraiment envie, mais il faut bien le faire / C'est devenu mécanique, je ne pose plus de questions.* »

L'avis d'une sage-femme sexologue

Emmeline Deroin, sage-femme-sexologue et spécialiste de ces questions autour de la procréation médicalement assistée, explique comment la sexualité en PMA peut rapidement devenir insatisfaisante : « *Le désir d'enfant donne un nouveau rôle à la sexualité qui devient alors utile, nécessaire. La recherche de plaisir n'est plus l'unique but. Dans la plupart des cas, cela ne dure que quelque temps. Mais parfois, les mois défilent sans qu'une grossesse paraisse.*

Au fil du temps, les couples concentrent les rapports sexuels autour de la période d'ovulation. Le désir de sexualité plaisir laisse place à la préoccupation d'une sexualité reproductive. Le couple peut alors faire appel à l'aide d'un service de AMP. Ce parcours peut durer de plusieurs mois à plusieurs années. Il met le corps et le mental au travail. L'entente et l'intimité du couple sont mises à rude épreuve, ainsi que l'estime de soi de chacun·e. Les examens médicaux prescrits au départ visent à déterminer la cause de cette infertilité afin de proposer la meilleure prise en charge possible. Les résultats sont parfois mal vécus. Ils peuvent provoquer de la culpabilité, du repli sur soi, de la colère, du conflit… La sexualité peut également en être perturbée. Le désir sexuel est le premier touché. Il peut aussi y avoir une apparition de douleurs, de baisse de plaisir, de troubles de l'érection et de l'éjaculation. Bien sûr, il est important de considérer comment se passait la sexualité avant l'entrée en PMA et de ne pas tout mettre sur le compte de ce vécu. Ces difficultés ne touchent pas tous les couples, mais il est nécessaire d'y prêter attention et d'oser se faire accompagner si le besoin s'en fait sentir. Il est toujours plus simple d'agir dès le début plutôt que de laisser une situation s'enkyster. »

Il y a des personnes qui auront recours à la PMA, car elles souffrent d'une pathologie sexuelle empêchant la grossesse : je pense ici à certains types de vaginismes qui empêchent totalement la pratique de la pénétration vaginale, mais aussi aux éjaculations précoces, aux troubles érectiles et à l'anéjaculation chez l'homme. C'est intéressant de considérer, comme le dit Emmeline Deroin plus haut, la sexualité antérieure à la PMA. Aussi, il y a des personnes qui vivaient une sexualité satisfaisante jusque-là, et que ce parcours malmène. Est-ce que ces difficultés sexuelles sont ensuite surmontées lorsque les essais aboutissent et que la grossesse peut enfin avoir lieu ? Rien n'est moins sûr. Lors de la grossesse issue d'une PMA,

certaines études recensent 80 % de difficultés en lien avec la perte du désir sexuel chez la femme, une nette diminution de la fréquence des moments intimes pendant leur grossesse. Ces résultats sont à prendre avec prudence, quand on sait que la grossesse elle-même – PMA ou non – peut entraîner des perturbations dans la sexualité. D'après mon expérience clinique en ostéopathie, les difficultés intimes peuvent se prolonger durant la grossesse issue d'une PMA, car le corps est parfois marqué par le processus : il peut être fatigué, tendu, douloureux. Ces femmes ont la sensation d'une sorte d'acharnement corporel, un épuisement. Dans ce cadre, il devient difficile de se projeter dans un « ébat sexuel ».
Philippe Brenot, sexologue et auteur de nombreux ouvrages dédiés à la sexualité du couple, propose de voir la PMA comme une occasion de réinvestir sa sexualité : « *Cette dernière n'est plus nécessaire à la reproduction, il ne reste plus que la dimension récréative à investir.* » Si la femme et/ou le couple n'a pas été trop affecté par son parcours, la grossesse peut être un moment de retrouvailles intimes et érotiques. Certains couples en sortent plus forts : davantage de communication, plus de soutien et de compréhension vis-à-vis des aléas émotionnels, ils s'accordent sur ce qui est dorénavant essentiel et ce à quoi ils aspirent du point de vue affectif et intime.

LA GROSSESSE GÉMELLAIRE

Le sexe est considéré comme sécuritaire pendant la grossesse, mais l'abstinence est parfois recommandée aux femmes ayant un risque « accru » d'accouchement prématuré : c'est le cas des grossesses gémellaires, mais aussi des femmes ayant un cerclage du col en raison d'une béance du col utérin. On peut aisément concevoir que les changements et adaptations de tous ordres – physique, social, émotionnel, relationnel, sexuel – seront plus complexes lorsqu'il s'agit de préparer la naissance de plusieurs enfants. Le terme de « grossesse multiple » renvoie à cette notion de multiplication potentielle des difficultés, des risques et des inquiétudes. La grossesse gémellaire semble imposer au corps de la femme une adaptation physiologique et morphologique plus importante. L'image du corps peut être alors, pour certaines femmes et couples, profondément changée.

L'histoire de Silvia :

Silvia est une patiente que j'accompagne dans le cadre d'un suivi de grossesse en thérapie manuelle. Elle se présente avec plusieurs motifs de consultation : douleurs dorsales, coccygiennes, et un reflux gastro-œsophagien. Au vu de ses motifs douloureux et invalidants, j'échange avec elle au sujet de l'impact éventuel que cela peut avoir sur sa vie intime. Silvia est étonnée que je lui pose la question, je suis la première professionnelle à le lui demander. Elle mène une vie sexuelle solitaire très riche, a souvent des pensées érotiques et l'envie de se masturber. Elle le fait lorsqu'elle s'en sent *« capable physiquement »*. En revanche, c'est plus difficile dans la sexualité relationnelle : Silvia m'explique avoir du mal avec son nouveau corps enceint. *« C'est difficile de se sentir difforme, je vois bien que mon mari est choqué »* – par la transformation corporelle, particulièrement la taille de son ventre. Ils n'ont aucune activité sexuelle depuis qu'ils sont au courant qu'elle porte des jumeaux. Ils en discutent souvent : *« On fait des réunions sexe ! »* Ces échanges sont aussi guidés par mes soins durant quelques séances ponctuelles en couple. Au bout de ces discussions et du counseling (conseil) réalisé, ils semblent s'accorder sur cette absence de moments sexuels relationnels : *« C'est une phase de vie, on profite autrement et on s'aime toujours très fort. »*

Les risques de pathologies gravidiques – c'est-à-dire de complications pour la mère, le fœtus, ou les deux – sont plus élevés et ces grossesses sont davantage médicalisées avec parfois un arrêt précoce du travail, la limitation des activités physiques, des voyages, des sorties… En fonction du vécu, la sphère psychique, mais aussi intime et sexuelle peut profondément se modifier, et cela assez tôt dans la grossesse. Peu d'études sur le sujet de la santé sexuelle des femmes et des couples vivant une grossesse multiple existent. Cela questionne l'intérêt que l'on porte à cette dimension de la santé et la priorité – évidente – du déroulement physique de la grossesse.

VIVRE UNE GROSSESSE APRÈS UN DEUIL PÉRINATAL

« *La particularité du deuil périnatal est l'intervention de la mort à un instant qui était destiné à l'arrivée de la vie* », écrit Jessica Shulz, psychologue clinicienne spécialisée ayant réalisé sa thèse de doctorat sur le sujet de la grossesse suivant une interruption médicale de grossesse pour raison fœtale. Ce paradoxe signe la difficulté du deuil périnatal : « *Un deuil de l'avenir, un deuil des projets, d'une vie qui n'aura pas lieu.* » Le deuil peut parfois venir modifier l'intimité sexuelle. Les personnes peuvent ressentir une souffrance morale, de la culpabilité face à un moment sexuel qui évoque la conception. Il peut y avoir une altération de l'image corporelle, très présente chez les femmes ayant perdu leur bébé in utero. C'est le fait de ne plus se sentir en capacité physique pour accueillir du plaisir à cet endroit, ou encore le sentiment d'avoir un utérus « hostile ». Le deuil vient aussi potentiellement modifier la manière de vivre sa sexualité lors de la grossesse suivante. La crainte de revivre une expérience traumatisante au cours de la nouvelle grossesse inhibe la libido. La femme enceinte peut voir ses ressentis corporels exacerbés, comme des contractions utérines plus marquées, des maux de grossesse amplifiés, une peur que le corps soit défectueux. Cela entrave la montée de l'excitation et l'envie de mener des moments sexuels. S'ajoutent donc, en plus des aléas habituels de la grossesse lambda, des émotions difficiles à canaliser et un accès parfois modifié au corps et à ses perceptions.

L'histoire de Perrine:

Perrine est une jeune femme qui vient me voir pour une séance d'ostéopathie à la suite de son premier accouchement. Elle a accouché il y a 1 mois de son bébé décédé in utero à 6 mois de grossesse. Elle est accompagnée par une psychologue spécialisée, qui lui a conseillé de venir me voir. Elle souffre de douleurs lombaires et souhaite se *«réparer avant la grossesse à venir».* Quelques mois plus tard, Perrine est enceinte pour la seconde fois. Je ne la revois qu'à la fin de sa grossesse, elle est au 8e mois et a le souhait de *«préparer son accouchement».* Au lieu de la séance de thérapie manuelle qu'elle attendait, nos échanges prennent une autre tournure: Perrine a dépassé sa peur de perdre à nouveau son bébé, elle ne souffre pas tellement de son dos, mais plutôt de son absence de désir sexuel. Elle m'explique ressentir depuis la mort de son bébé une coupure dans son corps, entre «le haut» et «le bas». Elle n'arrive plus à avoir accès à du plaisir quel qu'il soit dans l'intimité. Le sexe la dégoûte et en même temps cela la fait beaucoup souffrir, car elle menait une vie sexuelle agréable *«jusqu'à ce drame».* La tendresse est toujours présente dans son couple, mais rien au-delà. Perrine vit cette absence de désir comme un signe que son processus de deuil n'est pas encore fini. Elle poursuit les séances de psychothérapie et je lui propose un accompagnement en sexologie lorsqu'elle s'en sentira prête: reconvoquer ses désirs sans se juger et en se laissant du temps avant de se mettre en action, passer plus de temps à s'occuper de son corps et de son sexe…

VIVRE UNE GROSSESSE SOLO

Depuis peu, les femmes célibataires peuvent accéder au parcours de procréation médicalement assisté. La journaliste Judith Duportail a d'ailleurs écrit à ce sujet dans un ouvrage intitulé *Maternités rebelles*[1]. On y découvre son parcours de femme, de combattante en «*PMA sola*» et de mère. Le témoignage d'une patiente et amie, au sujet de son vécu de la sexualité enceinte en étant célibataire, vient confirmer la difficulté de mener une vie intime relationnelle satisfaisante.

Le témoignage d'Olivia:
«J'ai fait un bébé toute seule. Mon parcours de procréation médicalement assisté a été très rapide. Durant les quatre premiers mois, parsemés de rendez-vous en France et de prises de contact avec la clinique en Espagne, j'ai eu la sexualité qui était la mienne à ce moment-là de ma vie: c'est-à-dire celle de quelqu'un qui se remet d'une séparation, revoit d'anciens amants à l'occasion et profite de soirées chez des amis ou de week-ends festifs pour faire des rencontres et plus si affinité… À la fin de cette période, les papiers sont signés avec la clinique en Espagne, j'attends les prochaines règles pour commencer le traitement hormonal. Je suis sous pilule pour le déclenchement d'une ménopause ponctuelle et la mise en place d'un cycle artificiel, cela fait cinq mois que le parcours a commencé. J'entre concrètement, c'est-à-dire

1. Judith Duportail, *Maternités rebelles*, Binge audio éditions, 2024.

physiquement dans le vif du sujet. Il y a régulièrement des prises de sang, des échographies, le voyage en Espagne à organiser. C'est une grosse charge mentale et, dès lors, je n'envisage plus de sexualité relationnelle. Toute mon énergie, mes désirs aussi, sont dirigés vers le transfert à venir. La libido est sans doute également impactée par le traitement hormonal. À la fin du sixième mois de parcours, j'ai la confirmation que je suis enceinte. Le chapitre sexualité n'est alors plus du tout à l'ordre du jour, pas même solitaire, car chez moi cette dernière est proportionnelle à ma sexualité relationnelle et alimentée par cette dernière. Or, je ne fantasme sur personne, il semblerait que je ne sais commencer à devenir mère et continuer à être une maîtresse. Je fais un choix intellectuel et je mets consciemment de côté cet aspect-là de ma vie. J'ai le sentiment, la superstition même, que ce choix est nécessaire.

Un peu plus tard, les quatorze premières semaines d'aménorrhée et donc de traitement hormonal poussé sont révolues, la grossesse est bien engagée. Il m'arrive d'avoir des envies physiques, mais comment imaginer alors aller sur une application et faire une rencontre dans ma situation? Pas du tout envie de raconter ma vie, de préciser certains détails. Par ailleurs, mes soirées sans alcool sont plus sages, en bref se pose très concrètement la question du comment faire. De surcroît, dès que le ventre est apparent, on est rangée dans la case «future maman». Ce qui implique qu'on est en couple (avec un homme) et non disponible. Ainsi, plus personne ne nous envisage comme une personne sexuée et sexuelle. Par exemple, je suis allée à un mariage avec un ami au début de mon sixième mois de grossesse, pour tous les convives nous étions en couple et nous attendions un heureux évènement. Comment aurait-il pu en être autrement?

Un peu comme la sage-femme qui répète inlassablement « le papa et la maman » pendant le cours de préparation à l'accouchement, la célibataire et future mère qui veut « pécho » en soirée ne semble pas exister dans l'imaginaire collectif.
Enfin, il y a aussi eu, dans mon cas, une pudeur et une retenue vis-à-vis de la sexualité qui se sont installées très rapidement. Celle de ne pas faire « n'importe quoi », car il y a un autre être humain, celui que je sens bouger dans mon ventre. La responsabilité inhérente à la maternité et le désir de protection sont entrés très vite en ligne de compte. La peur de faire quelque chose qui puisse nuire à mon bébé et la nécessité d'être « sage », de ne pas prendre de risques, ont certainement impacté ma sexualité pendant la grossesse. »

Pour conclure

Chaque vécu de la vie intime lors d'une grossesse est singulier. Ce vécu peut dépendre de l'état physique et émotionnel de la femme et du ou de la partenaire. L'état de la sexualité antérieure, la capacité à s'adapter aux aléas de la grossesse, l'image du corps et la confiance en soi dans la vie érotique et enfin la satisfaction relationnelle sont des facteurs protecteurs. Pour être davantage satisfait·es dans la vie intime, nous nous focalisons souvent sur ce qui ne va pas ou ne va plus dans la sexualité – à l'image de ce que l'on retrouve dans les recherches scientifiques actuelles qui s'intéressent particulièrement à ce qui change et ce qui dérange lors de la grossesse. Si l'on désire garder la complicité érotique et la sexualité dans le binôme, peut-être serait-il intéressant de s'appuyer sur ce qu'il y a de positif ? Il est possible pour beaucoup de couples de développer leurs ressources érotiques passées et présentes afin de renforcer les liens affectifs et érotiques sans s'étioler.

SEXUALITÉS ET GROSSESSES : LA DIMENSION RELATIONNELLE

Dans une majorité de cas, la transition à la parentalité est une affaire de couple, lequel a un rôle multiforme dans la grossesse : soutien émotionnel, instrumental et informationnel. La communication dans le binôme au sujet de la vie intime est un véritable enjeu. Pour cela, il faut se sentir capable d'exprimer ses émotions et ses besoins dans le domaine de l'intime. Cela demande parfois de revenir au vécu de la sexualité passée et de parler de celle en cours et pourquoi pas à venir. Il est possible que le couple n'ait jamais communiqué au sujet de sa sexualité pour de multiples raisons : peut-être que le besoin ne s'est pas fait sentir, ou que c'est un sujet délicat à aborder… Les sexologues sont des professionnel·es aptes à aider ces couples lorsqu'il y a trop d'obstacles à la parole et à les faire se questionner sur les tabous et les croyances qu'ils ont en la matière comme le célèbre « *le sexe doit être naturel, je ne dois pas avoir besoin d'en parler ou de dire quoi faire à l'autre* ».

La grossesse est la période adaptée pour remettre le compteur à zéro puisque, comme l'énonce la majorité des patientes que je reçois en post-partum, «*il y a une sexualité d'avant et une sexualité d'après l'arrivée de l'enfant*». Cette phrase que j'entends si souvent a de quoi faire peur! La grossesse est une période charnière vers une nouvelle identité, qui peut entraîner de nouvelles aspirations pour la femme et le couple, notamment dans la dimension sexuelle. Il ne s'agit pas de tirer un trait sur la sexualité passée comme si elle ne pouvait plus exister aussi intensément. L'idée est plutôt de s'appuyer sur le positif acquis et de s'adapter aux changements plus ou moins radicaux de la grossesse, puis du post-partum.
La sexualité évolue tout au long de la vie: elle est jalonnée par d'innombrables d'évènements – dont la grossesse peut faire partie – et cela demande de se réinventer et de puiser dans nos envies profondes. En sexopérinatalité, j'accompagne souvent des personnes qui regrettent leur sexualité passée et redoutent celle à venir. Un de mes objectifs est qu'elles puissent tendre vers un futur qui fait envie.
Entretenir ou renforcer sa complicité érotique dans le cocon amoureux signifie se rendre actif·ve pour cultiver l'érotisme et la séduction, accepter de se sentir vulnérable en expérimentant une nouvelle manière d'être désirable et communiquer de manière positive sur ce dont on a envie ou non sur le moment.

L'importance du dialogue

L'ART ET LA MANIÈRE DE PARLER DE SEXE

Chaque couple a ses propres règles érotiques : elles peuvent être explicites et/ou implicites. Il y a les habitudes, les rituels, les pratiques sexuelles « interdites », les choses que l'on a le droit de faire ou non, les choses que l'on aime faire au lit et celles que l'un ou l'autre rêverait de faire. La période de la grossesse peut créer de l'incompréhension, car les habitudes sont bousculées et le script sexuel voué à évoluer durant et après. Cela peut demander une adaptation temporaire ou définitive autour de la sexualité. Cette nouvelle sexualité nécessite une flexibilité, ce que l'on appelle en sexologie « les habiletés sexuelles et érotiques dans le binôme ». Les couples les moins « outillés » peuvent se trouver en difficulté : si l'on ne communique pas sur ses envies profondes, cela peut engendrer des dysfonctionnements, voire des conflits[1].
Par quel moyen le dialogue peut-il s'instaurer ? Comment se connecter à l'autre ? Quels sont les « petits plus » pour cultiver la complicité érotique en respectant les désirs et les non-désirs, en privilégiant la liberté d'expression de chacun·e ? Il existe des propositions pour tout ceci…

La vulnérabilité des couples

Les retentissements de la grossesse sur le couple en transition vers la parentalité laissent parfois apparaître des difficultés jusqu'alors inexistantes. Il arrive que la vision idyllique du couple exclue d'emblée la perspective de conflits, de mésententes, d'apparition d'émotions incongrues telles que l'agressivité,

---

1. La grossesse est une période où les risques de violences conjugales augmentent. *Situation particulière de vulnérabilité : femme enceinte victime de violences au sein du couple*, HAS, 2024.

la colère, la tristesse... Lorsque cela déboule durant la grossesse, cela peut surprendre et mettre en situation défensive. D'où l'intérêt de parler de sexualité pendant la grossesse, quelle qu'ait été l'état de la relation antérieure. Ce ne sont pas les couples qui vont mal qui échangent sur la sexualité et ses bouleversements, ce sont les couples qui vont bien.

Attendre d'avoir des problèmes sexuels pour communiquer : grosse erreur !

Aborder le sujet sexuel de façon directe et concrète, en partant de ses propres ressentis, est un échange qui est parfois difficile à instaurer. Notre manière habituelle de communiquer est coûteuse en termes de malentendus, de blessures et de violence. La communication non violente est une démarche concrète élaborée par Marshall Rosenberg[1]. Cette pratique commence par la prise de conscience de ce qui facilite ou entrave la communication : par exemple d'un côté l'écoute, la tolérance, l'empathie et de l'autre les reproches, les ordres, les interprétations, les étiquettes. Cela demande également une nouvelle manière d'observer, de percevoir et de s'exprimer. « Partir de ses propres ressentis » signifie que la personne verbalise à l'autre ce qu'elle voit, ressent, entend, et comment elle se sent dans cette situation. Par ce biais, chaque protagoniste du couple est invité à prendre la responsabilité de ses émotions et de ses besoins, ici dans le domaine de la sexualité.
Vous pourrez retrouver dans le tableau ci-après quelques outils de communication non violente. Au-delà de sa difficulté d'exécution, je retrouve fréquemment en séance des représentations erronées de ce que cela signifie et engendre dans le couple. Ils pensent que tant que la sexualité de couple

1. Marshall B. Rosenberg, *Dénouer les conflits par la Communication NonViolente*, entretiens avec Gabriele Seils, Jouvence, 2006.

va bien, le dialogue n'est pas nécessaire... Pire encore, aborder des sujets sensibles ou inhabituels peut mettre à mal la complicité érotique. Je préfère le rappeler : c'est tout le contraire ! L'objectif est de ne pas laisser un silence s'installer, plomber, et mettre les deux protagonistes dans la spirale du doute. C'est un peu comme lorsqu'on va chez le dentiste : êtes-vous du genre à attendre d'avoir une rage de dents pour y aller ? Le mieux reste la prévention, ou encore de repérer en amont les alertes et savoir quoi faire pour les endiguer. Surtout ne pas subir !

Bien sûr, les obstacles sexuels rencontrés durant la grossesse n'entravent pas toujours la tendresse et la complicité érotique dans le cocon. Néanmoins, en parler est la meilleure solution afin de mieux se comprendre et trouver des solutions ensemble, et non séparément comme j'ai parfois l'habitude de le voir au cabinet. Voici donc deux tableaux qui vous permettront de communiquer avec authenticité et de manière non violente. Les exemples proposés sont issus de ma pratique clinique. L'objectif est d'abord d'échanger librement au sujet de la sexualité : les moments qui vous ont plu et déplu. Puis de remplir le second tableau. Écrire permet parfois de mieux se rendre compte des échanges et de ce qu'il en est ressorti, mais aussi de prendre conscience des attentes de chacun et du couple. Notez ce qui est positif, neutre ou négatif dans la sexualité passée comme actuelle et, pourquoi pas, parlez de la sexualité d'après, celle qui pourrait vous inspirer, vous faire envie ou dans laquelle vous aimeriez vous projeter.

POUR SOI	POUR L'AUTRE
Étape 1 Commencer sa phrase par JE: « Lorsque je vois, entends, remarque, me souviens de… » *Exemple : Lorsque je me rappelle notre dernier moment intime à tous les deux…*	**Étape de reformulation** Dire ce que vous avez compris de ce qui vient d'être dit: « Ce que tu es en train de me dire c'est que » ou encore « ce que je comprends de la situation c'est que » *Exemple : Quand tu te rappelles la dernière fois où on a fait l'amour, tu te sens triste. Cette tristesse vient du fait que tu ne reçois pas assez d'attention de ma part, ou que tu ne nous sens pas connectés. Tu aurais besoin de le ressentir davantage et pour ça tu souhaiterais que je te regarde dans les yeux, que je te dise ce qui m'excite durant l'acte. C'est bien ça ?*
Étape 2 Poursuivre par ce que vous ressentez: Je me sens… *Exemple : Lorsque je me rappelle notre dernier moment intime à tous les deux, je me sens profondément triste…*	**Étape où vous formulez vos attentes, vos besoins et les solutions (étapes 1 à 4 de la colonne de gauche)** « Pour ma part, lorsque tu me dis ça, je me sens… J'ai besoin… Je propose… » Exemple: *« Quand tu me dis ça, je me sens un peu en colère. J'ai l'impression de ne jamais répondre à tes attentes, de ne pas être assez bien. Je veux bien te regarder plus dans les yeux et te dire ce qui m'excite, mais cela me coûte, car je ne suis pas habitué·e à le faire et je ressens facilement de la gêne. Lorsque j'y arriverai, j'ai besoin que tu montres davantage que tu es content·e ! Est-ce que ce serait possible ?*

POUR SOI	POUR L'AUTRE
Étape 3 Exprimer votre besoin: «Parce que j'ai besoin de…» Exemple: *Lorsque je me rappelle notre dernier moment intime à tous les deux, je me sens profondément triste. J'ai besoin de me sentir d'avantage connecté·e à toi, de ressentir ce que tu as envie de partager de ce moment avec moi…*	
Étape 4 Proposer une solution, une ouverture: *«Et juste là, j'aimerais savoir si tu serais d'accord pour…?»* Exemple: *Lorsque je me rappelle notre dernier moment intime à tous les deux, je me sens profondément triste. J'ai besoin de me sentir d'avantage connecté·e à toi, de ressentir ce que tu as envie de partager de ce moment avec moi. Est-ce que tu serais d'accord pour me regarder davantage dans les yeux pendant qu'on fait l'amour? Et pourquoi pas me dire ce qui t'excite sur le moment. Qu'en penses-tu?*	

<table>
<tr><td>Attentes
– Observations</td><td colspan="2">Pour la femme enceinte</td><td colspan="2">Pour le / la partenaire</td><td colspan="2">Le couple</td></tr>
<tr><td>Sexualité d'avant</td><td>Points forts :
....
....
.........</td><td>Points faibles :
....
....
.........</td><td>Points forts :
....
....
.........</td><td>Points faibles :
....
....
......</td><td>Points forts :
....
......
......</td><td>Points faibles :
....
....
.........</td></tr>
<tr><td>Sexualité pendant la grossesse</td><td>Mes attentes érotiques :
....
....
....
....
....
....
....
....
.........</td><td>Mes peurs / doutes :
....
....
....
....
....
....
....
....
....
....
.............</td><td>Mes attentes érotiques :
....
....
....
....
....
....
....
....
............</td><td>Mes peurs / doutes :
....
....
....
....
....
....
....
....
....
....
.......</td><td colspan="2">Nos attentes érotiques dans le couple :
....
....
....
....
....
.........</td></tr>
<tr><td>Sexualité d'après</td><td colspan="2">Ce à quoi j'aspire :
....
....
....
.........................</td><td colspan="2">Ce à quoi j'aspire :
....
....
....
.........................</td><td colspan="2">Ce à quoi nous aspirons, ensemble :
....
....
....
....
......................</td></tr>
</table>

SITUATIONS SEXUELLES CONFLICTUELLES

Il peut exister une multitude de situations sexuelles conflictuelles durant la grossesse. Les situations développées ci-après sont celles que je retrouve le plus fréquemment au cabinet.

L'asynchronisme de désir : quand on n'a pas envie au même moment

Chez le partenaire, la variation du désir est plus linéaire avec une diminution progressive et lente au cours des deux premiers trimestres qui devient brutale au troisième trimestre. Les causes ne sont visiblement pas les mêmes que pour la femme enceinte. Les partenaires craignent de déclencher un accouchement précoce, mais ont surtout peur de faire mal au bébé ou à la maman : « *Je sais tout ça, la sage-femme nous a fait un cours d'anatomie. Mais même avec ces informations, j'ai peur. Peut-être que ça vient de mon vécu… J'ai peur d'y aller trop fort, que je déclenche quelque chose… Ce serait à cause de moi* », me disait ce futur papa. En tant que sexologue, j'accompagne des hommes rencontrant de manière inhabituelle des difficultés sexuelles. La grossesse de la conjointe peut raviver des préoccupations ou difficultés intimes déjà présentes. La période de la grossesse peut être vécue comme une épreuve intime pour certains : difficultés pour obtenir une érection, pour contrôler son excitation sexuelle et pour s'adapter à cette nouvelle sexualité, cette nouvelle image d'eux-mêmes et de leur femme. Il existe des outils pour essayer de se rendre plus créatif et plus flexible face aux adaptations de la grossesse (ils seront abordés dans le dernier chapitre de cet ouvrage). Mais avoir simplement un espace de parole et d'écoute où le père se sent libre, où il peut dire profondément ce qu'il pense, ce qu'il ressent ou ne ressent plus dans sa vie intime est je crois le plus important afin qu'il ne se sente pas seul, qu'il se sente compris et entendu. Cela peut être à travers quelques séances de sexothérapie avec un sexologue clinicien, mais également avec un groupe de parole par exemple. Le groupe parisien « Espace pères » est celui que je partage le plus fréquemment. Vu le besoin, il existe plusieurs cercles de parole de papas qui sont facilement accessibles sur internet. Les coparents manquent d'espaces qui leur sont dédiés, c'est une certitude.

Pour la partenaire, il y a peu d'études sur le sujet et mon expérience clinique en matière d'accompagnement de couples lesbiens précisément en sexopérinatalité n'est pas assez étoffée pour que je puisse dégager une tendance. Certains auteurs et spécialistes du sujet expliquent que la sexualité « plaisir » entre deux femmes reste inchangée et n'est pas particulièrement impactée par les techniques de procréation assistée donnant accès à la parenté[1]. Personnellement, j'en doute fortement. Bien que la sexualité entre femmes soit certainement moins tournée vers la pénétration à tout prix – source d'un grand nombre de problématiques sexuelles dans le couple hétérosexuel –, je ne vois pas pourquoi elles seraient exemptées d'embûches. Il paraît évident que la transition à la parentalité pour les femmes lesbiennes demande tout autant d'informations et de conseils concernant l'accompagnement des préoccupations et difficultés intimes que pour un couple hétérosexuel. Certaines études montrent que les mères lesbiennes lisent des livres de soutien à la grossesse et que ceux-ci ne sont jamais conseillés par un professionnel de l'obstétrique : « *Le soutien ressenti par les femmes à la lecture de l'ouvrage est limité et il existe une certaine disparité entre le ressenti des mères biologiques et celui des mères sociales. Elles ne se sentent pas très soutenues à la vue ni à la lecture d'un ouvrage à tendance hétéronormative.* » Le vécu de la mère reste peu référencé et des besoins spécifiques comme l'inclusion, la reconnaissance juridique, la communication à l'enfant, ressortent davantage que la vie intime et sexuelle[2].

1. Géraldine Babeau, « Familles homoparentales : de quelle sexualité parle-t-on ? », dans *Tiers* 2017/2 (n °20), pages 29 à 37.
2. Stéphanie Boucaut, *Évaluation du soutien à la parentalité ressenti par les mères lesbiennes à la lecture d'un ouvrage sur la grossesse et l'accouchement. Influence du rôle de mère biologique ou de mère sociale*, Université de Louvain, 2021.

L'asynchronisme de désir amène de la souffrance et de l'incompréhension dans le couple. Je fais souvent référence à la métaphore du « run and bike ». La personne qui a le moins de désir est à pied, et elle se rend bien compte que l'autre, sur son vélo, ne l'attend pas et est déjà très loin devant elle. Parfois, la personne à vélo l'attend, mais souffle et exprime son mécontentement, sa frustration à le faire. C'est parfois pire. Et même si la personne descend de son vélo et reste à pied sans broncher, c'est tout de même un sentiment d'échec : « *Bah oui, elle aime tellement le vélo et je l'empêche d'en faire, car je suis trop lent·e / Je suis nul·le / Je suis incapable.* »
La personne à pied peut ressentir un sentiment de culpabilité immense, tandis que celle à vélo peut éprouver de la colère, de l'impuissance voire de la tristesse : « *Elle fait exprès, si elle n'a pas envie je ne peux rien y faire, je suis à bout, j'ai tout essayé, c'est à elle de faire maintenant.* »
Dans cette situation, les ressentis et émotions de chacun doivent être exprimés. L'analogie permet de s'identifier au personnage, soit celui à vélo qui a beaucoup de désir, soit celui à pied qui traîne. Elle permet également de se mettre facilement à la place de l'autre. Je propose régulièrement au cabinet cette métaphore et laisse exprimer les deux protagonistes sur leurs ressentis dans chacune des positions. Cela peut être intéressant d'intervertir les rôles pour renforcer l'empathie et surtout le dialogue. Le couple peut aussi dédier du temps à l'intimité sans pression sexuelle : par des actes érotiques ou sensuels qui n'amènent pas forcément à la nudité ou à la génitalité, mais aussi par des lectures, des échanges et des jeux qui ne malmènent pas émotionnellement la personne en perte de désir. Elle ne doit pas sentir qu'on l'attend ou qu'elle a une dette sexuelle envers l'autre. De l'autre côté, la personne qui a un désir intact doit gérer sa frustration sexuelle et le sentiment de rejet : elle peut entretenir une sexualité solitaire riche et continuer de proposer des temps érotiques à deux

qui nourrissent sa satisfaction et petit à petit son sentiment de désirabilité. Relancer et entretenir le dialogue et la séduction dans le binôme, avec deux personnes proactives, est une des clés.

Les douleurs pendant la sexualité : le corps, cette citadelle imprenable

La douleur est une expérience subjective, propre à chacun·e. L'association internationale de l'étude de la douleur la décrit comme « *une expérience sensorielle et émotionnelle désagréable en lien avec une lésion tissulaire réelle ou potentielle* ». Bien que la douleur soit vécue physiquement, elle provient du cerveau. Elle n'est pas « dans la tête » au sens psychique du terme, comme nous pouvons encore l'entendre malheureusement dans la bouche de certain·es professionnel·es et patient.es, mais elle est cérébrale. Le cerveau fait office d'alarme. Cette dernière est parfois réglée par le cerveau de manière très pointilleuse et devient hypersensible : l'alarme se déclenche à tout bout de champ.
Lorsque le corps fait mal durant un rapport sexuel, il peut devenir une carapace protectrice, une véritable armure. C'est une citadelle imprenable pour l'autre qui ne peut plus toucher, s'approcher, essayer, tenter. Nous comprenons aisément que la douleur, qu'elle soit dans la zone génitale ou ailleurs, puisse être un frein à la vie intime. Pendant la sexualité, le cercle vicieux « douleur – peur de la douleur – évitement des rapports » malmène l'intimité et le désir dans le couple.

Celle qui souffre et qui a des douleurs sexuelles

La personne évite les rapports sexuels de peur d'avoir mal, mais aussi pour ne pas ressentir de sentiment d'échec, d'insatisfaction, ou toute autre émotion. Quand cela s'installe dans le temps, elle évite tous types de rapprochements intimes : « *L'embrasser lui donnera envie / Si elle me caresse alors elle voudra aller plus loin / Je ne vais pas faire que ça / À quoi ça sert / Oh, et puis j'ai bien le droit d'être tranquille avec ma grossesse et de faire une pause.* »

Autre possibilité : la personne se force même si elle a mal ! Cela empire le cercle vicieux. En se forçant malgré la douleur, la personne envoie des messages à son cerveau lui indiquant que cela ne va pas. Comme expliqué plus haut, le cerveau va se réajuster et régler son système d'alarme encore plus finement. À terme, le cerveau continue de protéger le corps inlassablement avec des signaux physiques encore plus intenses.

Le livre *Couper la douleur* de Lisa Dayan (Marabout, 2024) est selon moi l'un des meilleurs ouvrages concernant les douleurs sexuelles et leur compréhension. L'autrice raconte à travers son propre vécu comment ses douleurs sexuelles impactent sa psyché et l'estime de soi sexuelle : « *Ma valeur, l'estime de moi ne passe plus que par ma capacité à être sexuelle.* » À travers son témoignage, les lecteurs comprennent parfaitement les mécanismes qui entrent en jeu aussi dans le couple, lorsque l'on souffre de douleurs sexuelles : « *Je vais apprendre par la suite en écoutant davantage mes désirs et en communiquant avec mes partenaires que le plaisir n'est pas simple, qu'il évolue selon les périodes.* »

La communication est essentielle pour la personne qui vit la douleur physique. Elle doit pouvoir se sentir libre d'exprimer ses inconforts bien sûr, mais aussi ce qui plus profondément la traverse sur le plan émotionnel. Le ou la partenaire ne peut pas deviner ce qu'elle vit et peut avoir du mal à comprendre quel est son rôle.

Celle qui souffre moralement, mais qui ne vit pas dans son corps la douleur sexuelle

De l'autre côté, la personne qui ne souffre pas physiquement est désarçonnée et peut se sentir impuissante. La gestion de la frustration n'est pas toujours évidente. Il s'agit finalement assez rarement de frustration sexuelle au sens où on l'entend le plus souvent – comme une excitation sexuelle qui ne serait pas aboutie et qui agace –, mais plutôt comme une frustration liée à l'impuissance et la perte de contrôle : « *Je ne peux rien faire pour sa douleur / J'aimerais tellement pouvoir la lui enlever.* » Dès lors, l'intimité dans le duo est malmenée et le désir de part et d'autre peut s'éteindre. L'une de mes enseignantes en sexologie nous disait qu'une autre manière de dire « je n'ai pas envie de toi » était de dire « j'ai mal ». Je trouve cette réflexion intéressante, car la douleur peut aussi servir « d'excuse » à ne pas se connecter intimement à l'autre.

Il est nécessaire de mettre des mots sur ce que la douleur peut créer comme barrière dans la relation. La rétention émotionnelle n'est pas une solution à moyen terme et chaque personne doit pouvoir s'exprimer de manière authentique afin d'avancer ensemble. Au-delà de ce dialogue dans le couple, la communication ouverte au sujet de la santé sexuelle se fait également avec le corps médical. Dans le cadre de douleurs sexuelles et génitales pendant la période de la grossesse, les professionnel·les référent·es en périnatalité comme les gynécologues ou sages-femmes sont à l'écoute de vos symptômes et il ne faut pas hésiter à en parler. D'autres professionnel·les peuvent vous aider ensuite lorsque le bilan médical est établi. Voici un tableau qui récapitule les rôles de chaque professionnel·le en matière de prise en charge de la douleur sexuelle enceinte.

Professionnel·les de santé périnataux et/ou spécialistes	Gynécologue, sage-femme, médecin généraliste formé·e à la gynécologie Urologue, vulvologue, dermatologue vulvaire, neurologue…	Écouter Examiner Diagnostiquer Conseiller Suivre
Professionnel·les spécialistes de la sexualité	Sexologue clinicien.ne	Accompagner au rétablissement d'une satisfaction sexuelle et intime
Professionnel·les du corps	Kinésithérapeute spécialisé·e en périnéologie Ostéopathe formé·e dans le domaine de la périnatalité et des douleurs pelvi-périnéales Sophrologue Psychomotricien·e	Accompagner pour moduler le ressenti douloureux via la thérapie manuelle et la rééducation Informer la personne sur l'anatomie (sexe, périnée, bassin) Éduquer et expliquer le mécanisme de la douleur Apprendre à respirer, la pleine conscience de son corps
Professionnel·les du mental	Psychologue Thérapeute de couple Psychiatre Hypnothérapeute	Accompagner la personne sur le plan émotionnel et psychologique afin d'accéder à une meilleure santé mentale Médiation : Accompagner le couple à exprimer ses ressentis dans le calme et le respect

SITUATIONS SEXUELLES HEUREUSES

A contrario de ces situations conflictuelles, le sexe pendant la grossesse peut aussi être source de sérénité, de plaisir et de satisfaction, vécue comme un renouveau intime. Il peut advenir une hausse de désir sexuel dans le couple et la découverte de nouvelles pratiques intimes qui transcendent la grossesse, mais aussi font tremplin érotique pour l'après-grossesse. Je reçois des couples et les écoute me dire à quel point le sexe pendant la grossesse avait été spécial pour eux dans leur trajectoire de vie sexuelle : « *Finalement pendant la grossesse c'était un moment hors du temps, nous étions soudés et ma femme en avait toujours envie / J'aimais tellement mon corps, je me sentais plus que jamais femme et j'avais plein d'idées sexuelles / On n'a jamais retrouvé ça après, enfin, c'est différent.* »

L'histoire de Lucas et Laure : du désir en veux-tu en voilà !

Enceinte de 6 mois lorsque je reçois Laure en consultation d'ostéopathie, elle souffre d'une douleur à la mâchoire. C'est assez inhabituel comme motif de consultation enceinte et son partenaire se présente également au rendez-vous. Laure m'explique qu'elle souffre énormément de la mâchoire depuis moins de trois mois. Laure et Lucas se regardent du coin de l'œil durant nos échanges, visiblement très complices et amusés par la situation. Je ne comprends qu'un peu plus tard que cette douleur à la mâchoire est due à une activité sexuelle intense ! Ils vivent durant cette seconde grossesse une vie sexuelle débordante où Laure a beaucoup d'envies et Lucas beaucoup de plaisir à suivre son amoureuse dans ses fantasmes. En pratiquant plus longuement et plus fréquemment la fellation, Laure a mal à la mâchoire et ne peut quasiment plus l'ouvrir. Même les baisers langoureux peuvent la gêner. Ils veulent absolument remédier à cet inconfort: «*Mes grossesses, c'est là où le sexe est le meilleur, je suis nympho! Alors je veux pouvoir en profiter jusqu'au bout.*»

L'augmentation du désir sexuel et des fantasmes, mais aussi la découverte de nouvelles pratiques sexuelles, peut entraîner une connexion émotionnelle et érotique spécifique à la grossesse.

La nouvelle expérience intime de Romy: la sodomie, c'est permis!

Romy mène une vie sexuelle épanouissante avec son partenaire Raphaël. Enceinte pour la première fois, elle me raconte avoir découvert les plaisirs de la sodomie: «*Je n'aimais pas spécialement cela avant; ça me faisait plutôt mal et on ne le faisait pas souvent, mais enceinte j'ai redécouvert cette zone.*» Raphaël ne se sent pas toujours à l'aise avec la pénétration vaginale, il craint parfois de stimuler le col. Et puis, leur libido en cette fin de grossesse est débordante malgré le ventre qui prend de plus en plus de place et modifie obligatoirement les positions et les pratiques sexuelles: «*Franchement, j'ai remarqué que la pénétration vaginale ne me faisait plus grand-chose, je ne sentais rien et j'avais envie de découvrir d'autres choses, alors on a tenté et c'était génial.*» Ce type de nouvelles expériences intimes durant la grossesse sont précieuses!

Dans les situations sexuelles heureuses, le couple surfe sur une vague de bonheur et d'épanouissement. Il pourra emmagasiner toutes ces nouvelles habiletés érotiques et les réutiliser, s'appuyer sur ce «positif acquis» après l'arrivée de l'enfant. Certains couples peuvent avoir un sentiment de nostalgie une fois cette période passée, si jamais la sexualité post-partum est moins joyeuse. Néanmoins, il existe aussi des couples pour qui la grossesse est un vrai tremplin érotique, avec des modifications érotiques profondes qui perdurent des années après la naissance. Je repense à Julien, l'un de mes patients que j'accompagne en ostéopathie et avec qui j'échange au sujet de sa santé sexuelle régulièrement. Pour lui, la grossesse et l'élan érotique qui l'a accompagnée a modifié profondément sa vie sexuelle relationnelle sur du long terme : « *Avec la grossesse de Lucie, ça a tout changé ; pour la première fois, on avait une libido similaire et on a exploré des choses… On a gardé ce fonctionnement après l'arrivée de nos enfants, malgré la fatigue et plein d'autres contraintes. On a même découvert l'échangisme, un autre monde quoi.* »

LE LIBERTINAGE

Si certains découvrent de nouvelles manières de faire fonctionner sexuellement leur couple après le tremplin érotique de la grossesse, comme c'est le cas de Julien, d'autres vivent déjà une sexualité non exclusive en amont et pendant la grossesse.

Comme le dit Ovidie dans son ouvrage *Osez l'amour pendant la grossesse* (La Musardine, 2007), en théorie, rien ne contre-indique la pratique du libertinage pendant la grossesse. En pratique, cela peut être plus complexe. N'étant pas habituée à accompagner des couples libres, j'ai demandé à Gwen Ecalle, sexologue et spécialiste des relations « non exclusives » de nous en dire davantage. Avant d'aborder ce sujet, il est essentiel de comprendre que toutes les personnes non exclusives sont, dans leur définition originelle, des libertins.

« *Être libertin, c'est embrasser la liberté de pensée, s'affranchir des normes culturelles, intellectuelles, morales ou sexuelles de son époque. Cela peut se manifester par des choix politiques, philosophiques, intimes et/ou sexuels. Ainsi, le libertinage prend de nombreuses formes : Polyamour, Libertinage sexuel, Anarchie relationnelle, Couple libre, Adultère, Travail du sexe, BDSM, etc. Certaines personnes adoptent ces pratiques sans en faire une philosophie de vie, tandis que d'autres le choisissent délibérément. Ces situations peuvent être choisies et consenties ou non.* »

Nous parlerons ici de personnes qui ont volontairement choisi et consenti à des formes de libertinage durant la période de la grossesse. La question est simple : est-ce que le libertinage est compatible avec une grossesse ?

Dans le contexte de la grossesse, nous avons vu au second chapitre que le partenaire peut ressentir de nouvelles émotions durant sa sexualité relationnelle. Le sentiment d'appartenance peut être renforcé durant la grossesse et rendre difficile la pratique d'une sexualité avec de multiples partenaires comme l'explique Gwen Ecalle : « *Historiquement, la grossesse est souvent liée à la possession du corps. Via ce besoin de savoir qui est le père, le partenaire peut ressentir un sentiment de "propriété légitime" sur une partie du corps de la personne enceinte, puisqu'elle porte leur enfant.* » La combinaison libertinage et grossesse peut être délicate avant tout émotionnellement, tant du point de vue du partenaire que de la personne enceinte. Pour cette dernière, le libertinage brise le complexe de la Madone et de la Putain dont nous avons parlé dès le premier chapitre : « *Il permet aux femmes d'être simultanément mères ou enceintes et libres sexuellement. Dans ma pratique clinique, de nombreuses femmes expriment une culpabilité ou une confusion quant à leur identité libertine ou polyamoureuse pendant la grossesse. Elles pensent devoir renoncer à leurs multiples partenaires, une culpabilité souvent intériorisée.* » Pour celles qui maintiennent plusieurs relations durant la grossesse, il est intéressant de questionner si les bouleversements

émotionnels et physiques qu'elles vivent enceintes impactent leur sexualité.
La spécialiste nous en dit un peu plus à ce sujet :

Pour la personne enceinte

« *Le premier trimestre se passe généralement sans encombre, hormis les complications liées à la grossesse. Toutefois, à mesure que le ventre s'arrondit, la culpabilité peut s'accentuer. Se rendre dans un club libertin ou rencontrer de nouvelles personnes pendant la grossesse peut être compliquée. Avant le second trimestre, beaucoup de femmes n'évoquent pas leur grossesse. Pour certains, le simple fait de savoir qu'une femme est enceinte est un frein à la sexualité. Même si certains prétendent ne pas être gênés, ils peuvent éprouver des difficultés à atteindre l'érection ou l'orgasme. Au-delà du second trimestre, si la grossesse est visible, vous risquez d'être victime de slutshaming (stigmatisation, culpabilisation ou disqualification de toute femme jugée provocante ou trop ouvertement sexuelle). De nombreuses femmes rapportent avoir été mal regardées, jugées, voire insultées pour avoir osé exprimer leur sexualité pendant la grossesse.* »

La grossesse et les changements corporels requièrent une adaptation des pratiques sexuelles, singulières comme plurielles. Nous l'avons vu, pour des personnes habituées à une sexualité active, les restrictions médicales liées à la grossesse, comme l'interdiction de pénétration, peuvent être particulièrement éprouvantes sur le plan psychologique. L'expérience professionnelle de Gwen apporte un nouveau regard sur l'appropriation du corps enceint lorsqu'une sexualité multipartenaires a lieu : « *Cela demande une redéfinition de l'intimité, non seulement avec un partenaire, mais avec plusieurs, parfois inconnus. Si cela peut sembler intimidant, nombreuses sont celles qui trouvent dans le regard de multiples partenaires une meilleure acceptation de leur corps transformé.* »

Pour le coparent

Pour l'autre parent, dans le cadre d'un couple hétérosexuel attendant un enfant, la situation peut parfois être plus difficile : « *La possessivité intériorisée peut pousser le père à craindre que sa femme soit "souillée" par d'autres partenaires, ou que la question de la filiation soit remise en cause. Beaucoup d'hommes demandent à leur partenaire d'arrêter les relations extraconjugales dès le début du projet de grossesse pour "contrôler la filiation". Si la femme continue à avoir des amant·e·s, l'homme peut éprouver des difficultés à l'imaginer avec d'autres personnes, surtout lorsque le ventre devient visible. La maternité impacte leur perception. Ils peuvent également craindre qu'une sexualité libérée nuise à la santé de la mère et du bébé.* »

Il est vrai que les risques d'infections sexuellement transmissibles augmentent avec le nombre de partenaires. C'est en partie pour cela que la sexualité libre durant la grossesse peut ne pas sembler sécuritaire. Comme le signale ma consœur sexologue, « *en dehors de cela, les risques pour la santé sexuelle sont les mêmes, qu'on soit en couple ou avec plusieurs partenaires, et dépendent de l'état de la grossesse* ». Nous pouvons affirmer que le libertinage est compatible avec la grossesse, sous conditions. Lorsqu'elles sont remplies, la place et le rôle des partenaires semblent importants à questionner en amont.

« *Si vos amant·e·s sont des partenaires réguliers, il est crucial de discuter avec eux et avec votre partenaire de vos besoins et des leurs pendant la grossesse. Quelle place leur accorderez-vous ? Auront-ils un rôle spécifique durant cette période et après ? Certains partenaires peuvent devenir des parrains ou marraines. Ressentez-vous le besoin de rapports intimes avec tous vos partenaires, ou préférez-vous vous recentrer sur une sexualité duale ? Quels que soient vos choix, cela n'affecte en rien votre philosophie de vie. Être libertin·e ne se mesure pas à la quantité de rapports intimes et sexuels.* »

L'importance du dialogue entre partenaires est à nouveau à souligner !

Cet éclairage concernant la sexualité à plusieurs me semble essentiel compte tenu de la normalisation de la sexualité dans notre société. Les personnes qui vivent ce type de sexualité ont le droit de la vivre pleinement et en toute sécurité.

Gwen Ecalle nous rappelle une ultime fois un message qui me semble primordial et que j'assène dans tout mon ouvrage : « *Vous pouvez ne plus avoir de relations sexuelles pendant un an et rester libertine ! Rappelez-vous que votre corps et votre grossesse vous appartiennent. Vous n'avez rien à prouver à personne. Que vous choisissiez ou soyez contrainte à l'abstinence durant ou après votre grossesse ne remet pas en cause votre mode de vie ou votre philosophie. D'ailleurs, dans ma clinique, la grande majorité des femmes choisissent de se recentrer sur leur "couple" et mettent en pause leur sexualité externalisée avant d'y revenir plus tard. Elles parlent de besoin de "recentrage", de "cocon" pour préparer l'arrivée de leur enfant. Cependant, vivre vos amours et votre sexualité de manière plurielle est totalement compatible avec une grossesse, si vous le désirez !* »

Les besoins fondamentaux du couple

Y a pas que le sexe dans la vie, y a le reste aussi

Une patiente enceinte me disait: «*Selon mon partenaire, la sexualité est le ciment du couple... Je trouve que c'est important oui, mais ça ne fait pas tout. Je ne me sens pas toujours en phase avec ça. Moi j'ai besoin d'amour, de tendresse, que l'on me considère, pour me sentir heureuse.*»
Oui, «*y a pas que le sexe dans la vie*» comme dirait ma patiente Céline enceinte pour la deuxième fois.
Mettre momentanément sa sexualité entre parenthèses et se concentrer sur des besoins fondamentaux est parfois la priorité durant cette période de grossesse: se sentir protégé·e, aimé·e, recevoir de l'affection et être complice sont aussi des réservoirs importants à nourrir dans le couple. Aussi, il semble que ces dimensions font partie du socle de la vie intime chez certaines personnes. Autrement dit, pour certains couples, si ces dimensions sont absentes, la dimension sexuelle ne peut pas être pleinement satisfaisante: «*Mon mari a besoin de sexe pour se sentir en lien avec moi, mais moi j'ai besoin de me sentir en lien avec lui pour faire du sexe.*» Il existe parfois des carences affectives qui malmènent le couple durant la grossesse et qui se répercutent sur la vie intime[1]. Une carence affective se produit lorsque les besoins émotionnels d'une personne ne sont pas satisfaits de manière adéquate. Durant la grossesse, cela peut être par exemple un besoin de tendresse non rempli, un sentiment d'être négligé·e par l'autre, un manque d'empathie ou d'écoute.

---

1. Florentine d'Aulnois-Wang, *Les clés de l'intelligence érotique: 12 rituels pour prendre soin de son couple et retrouver une sexualité à soi*, Larousse, 2022.

Le cas d'Aurélia : un besoin d'attention non rempli

Aurélia, enceinte de 7 mois, se présente à mon cabinet pour une douleur au dos. Au cours de notre entretien, l'abord de la santé sexuelle est réalisé : Aurélia ne se plaint pas tellement de sa sexualité, elle trouve qu'elle reste assez satisfaisante malgré le ventre qui pousse. Avec son partenaire Éric, elle arrive facilement à l'orgasme, mais ne prend pas beaucoup de plaisir émotionnel. Aurélia m'explique avoir des difficultés dans sa vie de couple, mais pas sur le plan sexuel : elle se sent délaissée par son partenaire, elle aimerait qu'il partage davantage avec elle ses peurs, ses pensées au sujet de l'avenir de leur famille en création. Aurélia le lui a dit plusieurs fois : « *Certainement mal, mais je lui ai dit.* » Aussi, lorsqu'Aurélia se compare avec ses autres amies enceintes, elle trouve qu'Éric ne prend pas beaucoup soin d'elle et du bébé : « *J'ai des amies qui me racontent que leurs maris sont très attentionnés, elles sont chouchoutées, j'aimerais ressentir cette attention de la part d'Éric.* » Elle pense que si elle prend moins de plaisir durant l'orgasme, c'est surtout par manque de considération et d'attention.

Le cas de Martin : un sentiment d'admiration renforcé

Martin est un futur papa que j'accompagne en sexologie depuis plusieurs mois pour une difficulté érectile, antérieure à la grossesse. Durant notre séance, il me raconte à quel point la grossesse de sa femme a transcendé son sentiment amoureux et d'admiration : « *Depuis que Sylvie est enceinte, je la trouve merveilleusement forte. Elle a beaucoup de petits soucis liés à la grossesse. D'habitude, c'est quelqu'un d'assez douillet... Je dirais que cela m'a souvent agacé par le passé, la manière dont elle se plaint, le fait de ne jamais être satisfaite de l'avis des professionnels, et moi j'avais le sentiment de ne jamais être à la hauteur. Mais, enceinte, Sylvie est une autre femme ! Je suis vraiment admiratif de la manière dont elle vit sa grossesse et fait face à ses petits tracas. Comme vous me l'aviez proposé, je lui dis souvent à quel point je l'admire et suis fier. Je crois que ça m'aide sur le plan intime... Sylvie est plus compréhensive, elle me fait moins de reproches quand je ne bande pas, et moi je bande mieux ! J'espère que ce sentiment va rester longtemps.* »

Certain·es ne veulent pas être perturbé·es par une sexualité « trop présente », car ils et elles ont besoin de ce moment d'introspection, de concentration sur ce qui se passe en eux/elles. Lorsque ce sentiment est partagé par les deux protagonistes du couple, cela amène aussi un grand épanouissement intime. Je me souviens de Marie et Arthur, des patients de longue date et du même âge que moi, avec qui j'avais fini par sympathiser. Un soir, lors d'un dîner, ils nous ont raconté comment la grossesse avait été pour eux un moment de connexion très fort, sans sexe et sans frustrations. Ils en avaient beaucoup parlé, afin que personne ne se sente délaissé : « *C'est dur de sortir des normes sexuelles, je lui demandais tout le temps si ça ne le dérangeait pas, parce qu'avant la grossesse on faisait pas mal l'amour en fait.* » Ils avaient écrit ensemble dans un album dédié à la grossesse et nous ont fait l'honneur de nous le partager ce soir-là. C'était très émouvant et beau. Cet épisode a fini de me convaincre définitivement : lorsque tous nos réservoirs sont remplis, sexe ou pas, le lien intime est fort.

PROTECTION
amour
AFFECTION

La complicité érotique: s'explorer ensemble

Voici quelques exercices à pratiquer afin d'accéder au sentiment de connexion et de complicité érotique. Mais rien ne vous empêche d'inventer les vôtres!

Attention:

- Les couples qui vivent un «run and bike éprouvant» (*cf.* asynchronisme de désir) peuvent être en trop grande difficulté pour les réaliser, amenant un sentiment de culpabilité de ne pouvoir «rendre la pareille» ou se sentir nul·le face à l'expression du désir de l'autre auquel on ne saurait répondre (même s'il n'y a aucune attente de réponse);
- Il n'est pas toujours aisé de se dévoiler dans le domaine érotique. Laisser l'autre rentrer dans son jardin secret est possible uniquement si les deux amant·es le veulent bien. La question du consentement est primordiale;
- Si vous vivez des difficultés et en souffrez, faites-vous accompagner par un·e sexologue. Les exercices proposés ne remplacent pas une sexothérapie. Vous pouvez consulter en fin d'ouvrage les ressources pour trouver un·e professionnel·le pour des conseils sexologiques personnalisés.

LA DÉCLARATION DU DÉSIR

Ma déclaration

Pendant la grossesse, déclarer son amour pour l'autre peut remplir les réservoirs[1] d'affection et d'amour.

1. Inspiration puisée dans *Les Langages de l'amour – Les actes qui disent «je t'aime»* de Gary Chapman (Farel, 2004) dans lequel il décrit les différents réservoirs dans le couple et la manière dont chaque protagoniste parle la «langue de l'amour» de l'autre.

Même si la sexualité est une expression d'amour, de tendresse et de connexion à l'autre, il y a d'autres façons de vous rapprocher de votre partenaire et de remplir ses réservoirs. Déclarer son désir à l'autre, c'est lui montrer qu'il ou elle existe. C'est aussi continuer à dire ce que l'on désire chez l'autre, même si son corps change, même s'il n'y a plus de rapports sexuels depuis trois mois, même si c'est dur parfois à la maison.
Pour déclarer son désir pour l'autre, plusieurs possibilités :

- Par une note vocale

Un peu à l'image d'un podcast. Si la personne se sent à l'aise à l'oral, elle peut tout à fait concocter un audio spécialement conçu pour l'autre. Place à la créativité ! Érotique, sexuel, ou romantique, l'enregistrement dépend des envies et des besoins dans le couple.

- Par écrit

Une déclaration écrite peut être plus confortable pour certaines personnes pour qui la verbalisation à l'oral est difficile. Comme le sexe, l'écriture s'apprend en pratiquant : il y a des ratures et des bavures, mais la personne pourra prendre du temps pour confectionner une lettre à son image. Écrire, c'est projeter ses envies et s'autoriser à les mettre en mots. Pouvoir écrire ce qui excite, ce qui fait plaisir, ce que l'on ressent profondément pour l'autre rend parfois plus service à l'intimité du couple que faire l'amour.

Encore une fois, les défis amoureux sont source de créativité et de grande satisfaction. À l'image d'un calendrier de l'Avent, pourquoi ne pas créer un calendrier de la grossesse ? Dans les cases, les « challenges » doivent nourrir vos réservoirs : une sortie, une caresse, un baiser, un film ensemble, une playlist érotique à renouveler, des sous-vêtements, un livre dédié à la grossesse ou au post-partum, un détail déco dans la chambre qui la rend plus agréable et érotique…

Alexis Proniewski, coach en communication non violente, m'expliquait qu'il faisait régulièrement une « battle de gratitude » avec sa femme. Cette battle, ce n'est pas juste être aimable et faire plaisir à l'autre en le ou la bombardant de compliments pendant cinq minutes. C'est une manière de remercier profondément et de manière authentique la personne avec qui l'on partage sa vie. C'est un moyen d'identifier là où l'on se sent reconnaissant, d'identifier ce qu'on ressent pour l'autre, ses propres émotions, et de les offrir à l'autre. Prendre cinq minutes pour se dire tout ce que l'on trouve épatant chez l'autre, c'est aussi recevoir un shoot d'hormones du bonheur. En résumé, ce genre de « déclaration du désir et d'amour » peut se revisiter à l'infini avec de la créativité[1].
L'intérêt est multiple :

- Se mettre en contact avec ses propres désirs renforce la confiance en soi et le cercle vertueux érotique ;
- Être capable de verbaliser haut et fort ce qui nous émeut et nous excite chez l'autre est un cadeau à offrir au partenaire ;
- Recevoir des mots gratifiants, excitants, renforce l'estime de soi dans le couple et remplit les réservoirs d'amour ;
- Cultiver l'érotisme sans s'engager physiquement dans la sexualité.

1. Inspiré de l'exercice proposé par Alain Héril, sexothérapeute, auteur et formateur.

Déclaration du désir	J'ai aimé	J'ai moins aimé
Me mettre en contact avec mes désirs		
Me sentir capable de verbaliser tout haut		
Être actif·ve dans mon désir pour l'autre (réaliser la déclaration)		
Cultiver l'érotisme sans m'engager physiquement		

Recevoir la déclaration	J'ai aimé	J'ai moins aimé
Me sentir désirable		
Me sentir capable de recevoir l'expression du désir de l'autre		
Cultiver l'érotisme sans m'engager physiquement		

LA BOÎTE À IDÉES ÉROTIQUES

Notre boîte à secrets

La boîte à idées érotiques est un outil que j'utilise régulièrement en sexothérapie et que de nombreux sexologues proposent. Je l'ai pour ma part découverte à travers une conférence d'Alexandra Hubin, psychologue-sexologue. L'objectif est aussi bien de pimenter la vie de couple que de se rendre acteur et actrice de son désir : « *Une vie sexuelle épanouie est faite de petits bonheurs sensuels.* » Chaque semaine les personnes écrivent leurs idées érotiques du moment sur des petits papiers : les scénarios qui émeuvent et excitent, les pensées érotiques qu'ils traversent et qu'ils désirent partager, les jeux érotiques. Tout est consigné dans la boîte, pendant plusieurs semaines.

Elle peut être volontairement ouverte le temps d'une soirée « épicée », d'un moment propice à l'intimité. Une première étape est passée lorsque la boîte a été ouverte plusieurs fois et que des discussions ont pu avoir lieu. Certains couples poursuivent et se prêtent au jeu des messages et scénarii en restant dans l'imaginaire érotique et nourrissant le désir, tandis que d'autres passent à l'action et ouvrent la boîte de Pandore pour jouer et pratiquer.

L'intérêt est multiple :

- Se mettre en contact avec son imaginaire érotique incite la personne à le cultiver ;
- S'octroyer du temps pour soi, pour penser le sexuel, pour le déposer sur papier ;
- Augmenter le partage et la communication érotique dans le couple ;
- Stimuler le désir et saupoudrer d'érotisme le quotidien, le temps d'une soirée ou d'un moment propice à l'intimité.

La boîte à idées	**J'ai aimé**	**J'ai moins aimé**
Me mettre en contact avec mon imaginaire érotique		
Écrire des mots et pensées érotiques		
Communiquer ou/et vivre un moment érotique avec mon ou ma partenaire en ouvrant la boîte		
Stimuler mon désir, son désir		

ÉCRIRE SA LÉGENDE

La grossesse est une bonne occasion de faire un bilan sur la vie « d'avant » du couple. Pour le faire de manière ludique, il est possible d'écrire ensemble votre histoire : la première étape est de rassembler ensemble vos meilleurs et vos pires souvenirs, de votre rencontre à la grossesse. C'est une sorte de brainstorming géant où chaque protagoniste du couple peut donner des mots-clés, des souvenirs marquants pour l'un et pas pour l'autre, des images pour marquer symboliquement les étapes de la relation, etc. Une fois ces éléments rassemblés, vous pourrez écrire votre légende ! Cela peut prendre la forme d'une lettre, d'un poème ou d'un album par exemple. Cette lettre peut devenir une lettre à son futur enfant : elle pourra être lue lorsque l'enfant le désirera, être utilisée pour raconter votre histoire d'amour et rappeler ce qui est important à vos yeux. Cet exercice peut également prendre une tournure « hot » en y incorporant la dimension érotique du couple. Cette lettre-ci restera secrète et rien que pour les parents !

L'exemple de Laure : sa légende hot

Chapitre 1 : L'INSOUCIANCE

La rencontre, 18 ans. Chacun en couple, mais l'attraction est là. C'est seulement un an plus tard, fraîchement largués et déçus par nos premiers amours, qu'on passe la première nuit ensemble. Et quelle nuit ! Du sexe comme je n'avais jamais connu. Je n'avais alors jamais pris conscience que mes expériences passées étaient plutôt fades.

Nos corps se comprennent parfaitement, j'ai pour la première fois de ma vie un orgasme, un vrai.

« Pas d'attache, pas de sentiments », on avait dit. On part sur un plan Q alors, vu qu'on est visiblement sur la même longueur d'onde à ce niveau-là.

Mais on se cherche du regard à longueur de journée et tous les prétextes sont bons pour passer du temps ensemble. Très vite, on est inséparables.

Moins d'un an après ce premier baiser, premier voyage. 3 semaines de road trip juste tous les deux. Ça passe ou ça casse. Ça passe, c'est si simple, toutes les planètes sont alignées.

Chapitre 2 : L'ENGAGEMENT

25 ans. Habiter ensemble, changer de région, début de la vie active. On est juste tous les deux, mais heureux et toujours bien entourés, amis et famille.

Le mariage, pas pour nous, mais l'envie de fonder une famille oui. On fait le grand saut, sans trop savoir dans quoi on s'embarque.

On baise toujours comme au début, sans complexes partout, souvent. Du coup très (trop ?) vite le test est positif : larmes de joie ou d'angoisse (mais qu'est-ce qu'on fout putain !?), tout se mélange. Lui si serein, ça ne peut que bien se passer.

Chapitre 3 : LA TEMPÊTE

Drame familial + fausse couche. Le vent a tourné, premières difficultés. Comme une équipe, on se soutient, même si c'est parfois en silence. Lui en capitaine, toujours optimiste. Côté cul, c'est peut-être le moment où c'est plus calme. Pas le moral, moins envie, réfléchir au timing… Et certainement un manque de confiance en moi, en mon corps, qui n'a pas réussi à accueillir ce bébé.

Chapitre 4 : PARENTS

On fait face et on transforme l'essai : 1er bébé.

J'aime mon corps qui se transforme, qui porte la vie. Mes formes s'harmonisent, la libido est au rdv. Lui encore plus. Il trouve les femmes enceintes belles et attirantes. Il trouve ma vulve qui gonfle excitante et « accueillante ». Ça me rassure, me donne confiance en moi.

Découverte des nuits de merde, de la fatigue, du baby-blues. Mais de l'amour y en a toujours, on prend du recul sur les difficultés, il y a certes des tensions, mais on sait que c'est surtout à cause de la fatigue et des inquiétudes parentales. Malgré tout il me fait me sentir désirable, ma perception des sensations intimes a évolué depuis l'accouchement. Mes seins sont devenus une zone super érogène, mon sexe est plus sensible par endroits, mais je ressens mieux les choses. On fait l'amour un peu moins souvent, mais mieux. Il y a un côté excitant à se faire prendre quand l'enfant dort et qu'on ne voudrait surtout pas le réveiller. J'ai besoin d'avoir un petit côté « bad mom ». On s'offre des jouets, des tenues sexy, on redécouvre le sexe sans pénétration… On ne s'en sort pas si mal, alors on remet ça ! Bébé n° 2. On est peut-être un peu fous ? Mais on est si bien ensemble.

Chapitre 5 : LE MARIAGE

Une demande, ou plutôt une invitation à notre mariage (il sait que je ne dirai pas non, c'est si évident !). L'occasion de célébrer cet amour, notre famille et nos amis si précieux. Je flippe un peu quand j'entends autour de moi qu'après 2 enfants et un mariage, le sexe c'est fini. On prend ça comme un défi. D'ailleurs on fera honneur à la nuit de noces. Heureux-désinhibés-torrides.

Chapitre 6 : LE CHALLENGE

Recommencer à 0. Changer d'horizon. C'est son rêve, je le suivrai partout pour y parvenir. Des doutes, des incertitudes, mais la conviction qu'ensemble ça ira

Bonne nouvelle, on n'a pas perdu notre libido. On se connaît par cœur, on se respecte, on ose, on teste de nouvelles choses. Quand je me sens moins belle, moins attirante, je me dis que mon mari, lui, bande toujours autant quand je me glisse nue sous les draps.

Pour conclure

Ce dernier chapitre au sujet de la sexualité relationnelle vient rappeler que la communication dans le couple est essentielle pour envisager une vie intime sereine et créative. À travers les analogies proposées, les personnes en difficulté sur le plan intime peuvent identifier plus facilement ce qu'elles traversent et se faire comprendre par l'autre. Les propositions érotiques décrites dans ce dernier chapitre à des fins de (re)connexion intime sont à destination de tous les couples en transition (ou non) à la parentalité : elles ne sont pas proposées uniquement « pour les gens qui ont des problèmes sexuels », bien au contraire, elles sont là pour prendre soin de son couple.

CONCLUSION

Écrire un livre sur la vie érotique durant la grossesse est un défi que mon éditrice m'a lancé peu de temps après que j'ai accouché. Se poser la question de la sexualité durant cette période, c'est réveiller les peurs, les ambiguïtés et les tabous. En plein post-partum, comment trouver les mots justes alors que je sors à peine de cette période de grossesse et que je vis celle si intense de « l'après-bébé ».

J'ai proposé dans cet ouvrage une vision globale de la sexualité durant la grossesse au travers des dimensions sociales, physiques et émotionnelles, mais aussi relationnelles qui la constituent. Chaque grossesse est différente et l'accès à la sexualité l'est tout autant. Dans les coulisses de chaque grossesse – qu'elle soit issue ou non d'une procréation médicalement assistée, qu'elle soit considérée comme pathologique ou physiologique, unique ou gémellaire, vécue au sein d'un couple hétéro/homo ou en célibataire –, il y a une expérience unique et une vie érotique spécifique. Il serait présomptueux de croire que j'ai pu toutes les aborder dans cet ouvrage, mais j'espère avoir éclairé le plus grand nombre.

La réalisation de ce livre m'a finalement amenée à prendre du recul sur mon propre vécu de la sexualité enceinte et à me poser des questions essentielles pour la suite de ma vie de femme.

Ce voyage intérieur n'est pas sans quelques turbulences et

j'imagine que cela peut être aussi le cas de certain·es lectrices et lecteurs. N'ayez pas peur et faites-vous accompagner si cela vous semble nécessaire.

Encourager la créativité et le dialogue dans la sexualité, prendre conscience de ses besoins et de ses envies/non envies dans la sphère érotique me paraît – en tout temps et encore plus dans cette période de transition qu'est la grossesse – intéressant lorsque l'on connaît les obstacles qui peuvent nous attendre en post-partum. Partager ses joies et ses inquiétudes au sujet de la sexualité, trouver des moments de qualité pour soi et avec l'autre, en explorant de nouvelles formes d'intimité, mais aussi se libérer des injonctions sexuelles qui pèsent et faire vivre l'amour : c'est bien ce que cet ouvrage propose et qui sera utile pour la grande aventure intime que vous aurez à vivre après l'arrivée d'un ou de plusieurs bébés.

Les parcours en périnatalité sont uniques et pourtant nous pouvons nous sentir si proches lorsque nous parlons de notre vie intime.

Osons en parler davantage !

REMERCIEMENTS

Je tenais d'abord à remercier Anne Hautecœur, mon éditrice, de m'avoir proposé ce projet d'écriture et de m'avoir fait confiance.

Merci aux patient·es et aux professionnelles qui ont accepté de participer à cette aventure et de mettre leurs expériences et compétences au service de cet ouvrage. Votre contact me nourrit et m'inspire au quotidien : Angéla Bonnaud, Emmeline Deroin, Gwen Ecalle et toutes celles à qui j'ai parlé de mon projet et qui m'ont donné l'inspiration.

Merci aussi à mes relecteurs·ices : Angéla, Oren, Quentin, mes critiques favoris, mais aussi Christelle. Je sais à quel point il est difficile d'effectuer ce travail de relecture et j'ai conscience de cette preuve d'affection que vous m'avez apportée en le faisant.

À mes proches, ma famille et surtout à mon amoureux Stéphane et ma fille Nine, pour l'amour qu'ils m'apportent et leur soutien indéfectible.

À mes patient·es que j'accompagne au quotidien, c'est grâce à vous que l'écriture me passionne.

BIBLIOGRAPHIE

INTRODUCTION

Camille Bataillon, *Réinventer sa vie intime après bébé : un guide pratique bienveillant pensé par une sexologue engagée*, Kiwi, 2021.
Debra Pascali-Bonaro, *Le grand livre du sexe après l'accouchement : préserver l'amour et l'intimité dans son couple*, Le Hêtre Myriadis, 2024.
Maryse Dewarrat, *Le Désir après bébé : devenir parents et rester amants*, Eyrolles, 2017.

PRESSIONS NORMATIVES, MYTHES ET RÉALITÉS

C. Fabre-Clergue, H. Duverger-Charpentier, « Sexualité du post-partum », *La Revue sage-femme,* volume 7, issue 6, 2008.
Véronique Bisson, *L'image corporelle durant la grossesse : les expériences et perceptions des femmes de l'influence de Facebook*, Université du Québec, 2019.
Andro, Bajos, Hamel, Bachmann, « La sexualité des femmes : le plaisir contraint », dans *Nouvelles questions féministes*, volume 29, Antipodes, 2010.

Elsa Boulet, « C'est pour le bébé : moralisation des femmes, individualisation de la responsabilité et disparités de classe dans le travail de soins pendant la grossesse » dans *Terrains Théories*, « Ethnographier le gouvernement des corps et des conduites », 2022.
Anna Roy, *C'est ma grossesse : se poser mille questions, trouver enfin des réponses*, Iconoclaste, 2022.
Sex and Pregnancy: From Evidence-Based Medicine to Dr Google, Cambridge University Press, 2022.
Camille Froidevaux-Metterie, *Un si gros ventre : expériences vécues du corps enceint,* coédition Philosophie Magazine éditeur/Stock essais, 2023.
Nicolas Tardieu, *Grossesse et sexualité à travers l'Histoire*, Connaissances et savoirs ; 2004.
Lyasmine Kessaci, « Les deux mères : figures antagonistes et "ravageantes" de la mère », dans *Recherches en psychanalyse*, 2015/2 (n° 20).
Charlotte Frey. *Grossesse et sexualité conjugale*. Médecine humaine et pathologie. 2010. hal01885933. HAL Open science, Université de Lorraine.
E. Thomas, C. Baumann, L. Galliot, « Sexualité durant la grossesse : revue systématique », dans *La Revue Sage-Femme*, volume 18, issue 6, décembre 2019, Elsevier.
Charlotte Vigier. *L'information sur la sexualité pendant la grossesse dans le cadre d'un suivi de grossesse*. Gynécologie et obstétrique. 2021. dumas-03327699. HAL Open Science.
Carole Decollogny, Lara Morgantini, Laetitia Sapino, *Impact des relations sexuelles sur la modification cervicale et la mise en travail de l'accouchement au terme d'une grossesse à bas risque*, mémoire de fin d'études, travail bachelor, HEdS (Haute école de Santé, Genève), 2013.
Marc Ganem, *La sexualité du couple pendant la grossesse*, Filipacchi, 1992.

Comment mieux informer les femmes enceintes? Recommandations professionnelles, Haute Autorité de Santé, 2005.
Alain Héril, *Pour allier grossesse, désir et plaisir*, Bussière, 2012
Claude-Émile Tourné, *Un corps pour trois. La sexualité au cours de la grossesse*, Érès, 2003.
Patrice Lopès, *Manuel de sexologie*, chapitre « Sexualité et grossesse », Elsevier Masson, 2014.
Angéla Bonnaud, Margot Maurel, *Vaginismes : comprendre, se soigner, s'épanouir*, La Musardine, 2023.

LES CHANGEMENTS CORPORELS ET ÉMOTIONNELS: QUELS IMPACTS?

Geneviève Perronny Marquat, *Dysfonctions sexuelles : prise en charge en kiné-sexologie et thérapie cognitivo-comportementale*, éditions santé Robert Jauze, 2014.
Amélie Saucier, *La sexualité pendant la grossesse : ose-t-on communiquer?* Université du Québec, 2011.
Marine Delion, *Grossesse et sexualité : l'information des primipares*, mémoire, Université Claude Bernard Lyon 1, 2016.
Monique Bydlowski, « Le regard intérieur de la femme enceinte, transparence psychique et représentation de l'objet interne », dans *Devenir*, n° 2, volume 13, 2001.
Dr Hugo Bottemanne, Dr Lucie Joly, *Dans le cerveau des mamans : la maternité, l'amour et le baby-blues expliqués par les neurosciences*, éditions du Rocher, 2022.
Methods of preventing perineal injury and dysfunction during pregnancy, CNGOF Perineal prevention and protection in obstetrics, 2018.
P. Borelli, *Le sexocorporel au service du désir sexuel féminin pendant la grossesse*, Université de Genève, 2011.
Solène Gaboriau, *Modifications des pratiques sexuelles pendant la grossesse chez la femme* : *Étude rétrospective analytique de*

108 patientes du Centre Hospitalo-Universitaire d'Angers du 22 octobre au 11 novembre 2013, UFR sciences médicales pour le diplôme d'État de sage-femme, 2014.

Anna Fuchs, *The impact of motherhood on sexuality*, Chair and Department of gynecology VIA médica, vol 92, 2021.

Francisco Javier Fernández-Carrasco, « Influence of Pregnancy on Sexual Desire in Pregnant Women and Their Partners: Systematic Review », *Public Health Reviews*, 2024.

Francisco Javier Fernández-Carrasco, « Changes in Sexual Desire in Women and Their Partners during Pregnancy », *Journal of Clinical Medicine*, 2020.

Kinga Syty, Anna Boguslawa Pilewska-Kozak, Grzegorz Jakiel, « Effect of pregnancy on the frequency of occurrence of sexual fantasies in women », *Archive of Perinatal Medicine*, janvier 2014.

Sarah Pottier, « Sexualité et grossesse : l'expérience des pères », *Les Dossiers de l'obstétrique*, éditions ESKA, 2019.

N. Doucet-Jeffray, « Quelle sexualité pour les hommes pendant la grossesse ? », *La Revue Exercer,* n° 71, 2004.

Zahra Bostani Khalesi, « Effect of pregnancy on sexual function of couples », *African Health Sciences*, Vol 18 Issue 2, 2018.

C. Fabre-Clergue, H. Duverger-Charpentier, « Sexualité du post-partum », *La Revue sage-femme,* volume 7, issue 6, 2008.

Aude Louzé, Xavier Million et Anne-Florence Louzé, *Périnée – What the fuck ? Reprenez les commandes de votre corps*, La Musardine, 2020.

Laurence Montella, *Les joies du périnée : comment le muscler pour réveiller sa sexualité*, Flammarion, 2024.

Ève de Candaulie, *Une indécente liberté*, « Les Jardins de Priape », Tabou, 2020.

Anna Roy, *Sage-femme dis-moi tout ! Pour un accompagnement main dans la main du 1er mois de grossesse au 2e mois du bébé*, Leduc, 2017.

Anna Fuchs, « The impact of motherhood on sexuality », Chair and Department of gynecology VIA Medica Journals, *Ginekologia Polska*, vol 92, 2021.

Charlotte Vigier, « L'information sur la sexualité pendant la grossesse dans le cadre d'un suivi de grossesse », *Gynécologie et obstétrique*, 2021. dumas-03327699. HAL Open Science.

Géraldine Babeau, « Familles homoparentales : de quelle sexualité parle-t-on ? », *Tiers,* n° 20, 2017.

Stéphanie Boucaut, *Évaluation du soutien à la parentalité ressenti par les mères lesbiennes à la lecture d'un ouvrage sur la grossesse et l'accouchement. Influence du rôle de mère biologique ou de mère sociale*, Université de Louvain, 2021.

Patrice Lopès, *Manuel de sexologie*, chapitre « Sexualité et grossesse », Elsevier Masson, 2014.

Chaabane et *al.,* « Sexualité du couple lors de grossesse issue d'une pma », *Journal de gynécologie obstétrique et biologie de la reproduction*, volume 42, 2013.

Jones et *al.,* « Le sexe pendant la grossesse », JAMC pratique, article québécois, 2011.

Jessica Shulz, « Quand la vie reprend ses droits ? Une grossesse après une perte prénatale », *Le Carnet PSY*, n° 185, 2014.

LA DIMENSION RELATIONNELLE

« La roue du consentement », © Dr. Betty Martin / www.bettymartin.org

Ana Polona Mivsek, Xuan-Hong Tomai, « Sexual Aspects of Pregnancy », *Midwifery and Sexuality*, 2023.

Marshall B. Rosenberg, *Dénouer les conflits par la Communication NonViolente*, entretiens avec Gabriele Seils, Jouvence, 2006.

Gary Chapman, *Les Langages de l'amour – Les actes qui disent « je t'aime »,* Farel, 2004.

Alipour Z, Kazemi A, Kheirabadi G, Eslami AA, « Marital communication skills training to promote marital satisfaction and psychological health during pregnancy: a couple focused approach », *Reprod Health*, 2020.
Florentine d'Aulnois-Wang, *Les clés de l'intelligence érotique : 12 rituels pour prendre soin de son couple et retrouver une sexualité à soi*, Larousse, 2022.
Esther Perel, *L'intelligence érotique : faire (re)vivre le désir dans le couple*, Pocket, 2013.
Camille Bataillon, *Réinventer sa vie intime après bébé : un guide pratique bienveillant pensé par une sexologue engagée*, Kiwi, 2021.
Marc Ganem, *La sexualité du couple pendant la grossesse*, Filipacchi, 1992.
Alain Héril, *Pour allier grossesse, désir et plaisir*, Bussière, 2012.

DES PODCASTS

La Matrescence, podcast maternité et parentalité, https://lamatrescence.fr/
La grossesse en vrai, Maude Harcheb et des gens cools, épisode 12, « Grossesse et sexualité » avec Camille Bataillon, 2022.
Bliss Stories, épisode 217, Marie Robert, « Maternity is sexy ? », https://bliss-stories.fr/
Sacrée sexualité, Lyvia Cairo, épisode 42, « Grossesse et sexualité », avec Camille Bataillon, 2023, https://lyviacairo.com/podcast/
Ça pousse !, Nada et Hélène, « Les tabous de grossesse : libido et sexualité », 2024.
1,2, 3 pépites, Hors-série 2, « Sexualité, grossesse et post partum » avec Camille Bataillon, 2023.
Moi, Papa, Adrien Devyver, « La sexualité pendant et après la grossesse », avec Alexandra Hubin, 2022.

Dénudé.e.s, épisode 8, « Héloïse – Récit d'une sexualité avant, pendant et après grossesse », par Clémence Rérolle, 2022.
Sage-Meuf, podcast maternité, « La déflagration dans la vie sexuelle », avec Anna Roy, 4 novembre 2020.
Vibrant.e.s, Causette S4E3, « La maternité avec Mama Sista Doula », 2021.

DES ASSOCIATIONS

RSSP : réseau de santé sexuelle publique
AIUS : association interuniversitaire de sexologie
SNSC : syndicat national de sexologie clinique
Mia.co : regroupement de sexologues cliniciens
Périnée bien-aimé : pour les douleurs périnéales
Vulvae : pour les douleurs vulvaires
Les clés de Vénus : pour les douleurs sexuelles
AFRrePP : association française de rééducation en pelvi-périnéologie
ARRep : association réseau de rééducation en pelvi-périnéologie

Composition et mise en pages
Nord Compo à Villeneuve-d'Ascq

Achevé d'imprimer en mars 2025
sur les presses de Présence Graphique
N° d'impression : 032581086

Imprimé en France